MS 팀즈 수업 디자인

MS 팀즈 수업 디자인
뉴노멀 시대, 온·오프라인 블렌디드 러닝의 도입과 활용

초판 1쇄 2020년 8월 28일

지은이 박영민 박소영
발행인 최홍석

발행처 (주)프리렉
출판신고 2000년 3월 7일   제 13-634호
주소 경기도 부천시 원미구 길주로 77번길 19 세진프라자 201호
전화 032-326-7282(代)   **팩스** 032-326-5866
URL www.freelec.co.kr

편집 강신원 서선영
표지디자인 황인옥
본문디자인 박경옥

ISBN 978-89-6540-280-0

MS 팀즈 수업 디자인

뉴노멀 시대, 온·오프라인 블렌디드 러닝의 **도입과 활용**

박영민·박소영 지음

프리렉

차례

들어가며

"21세기, 학교와 교사는 과연 사라지는가?" 교육 종사자라면 이러한 생각을 한 번쯤 해봤을 것이다. 변하지 않는 것은 '변한다'라는 사실뿐인 이 시대에 백여 년 동안 거의 그대로인 모습의 학교와 변함없는 역할의 교사는 사라질지도 모른다. 실제 우리는 최근 코로나19로 인해 듣지도 겪지도 못했던 전방위적 변화를 경험함과 동시에, 학교와 교사의 존재 위기를 느꼈다. 이 위기의 순간에 많은 교사는 물러서지 않고 새로운 기술과 시스템을 배웠고, 실행하기 힘들어 보였던 온라인 학교 수업을 시행했다. 2020년 초, 전국의 교사들이 급히 배워 실행해야 했던 것이 바로 학습관리시스템(Learning Management System, LMS)이다.

지금쯤이면 아마 많은 교사가 학습관리시스템은 무엇인지, 기본적 기능은 무엇인지 이해할 것이다. 온라인 개학 이후 대면 등교도 시작한 지금, 학교는 코로나19 감염이 일어나지 않는 위생적인 환경을 보장함과 동시에 충분한 학습 경험을 제공해야 할 부담을 안고 있다. 또 어떤 학교는 격주로 온라인과 교실 수업을 병행하기 때문에, 온·오프라인 수업의 연계성을 이루는 방안을 고심하기도 한다. 이처럼 다양한 상황이 발생하다 보니, 교실 수업에 비해 온라인 수업에 제약이 많다고 느끼는 교사도 있을 것이고, 정상 등교 수업을 진행하는 교실에서도 학습관리시스템을 활용하고 싶은 교사도 있을 것이다. 블렌디드 러닝(Blended Learning, 온라인 수업과 교실 수업의 방식을 혼합한 교육의 형태)이 필요한 시점이다.

이 책은 온라인 수업이나 블렌디드 러닝이 필요한 환경에서 학습관리시스템을 처음 접하는 교사, 교실에서 했던 수업 형태를 온라인에서 그대로 구현하고자 하는 교사, 현실적 한계에 부딪혀 실천하지 못했던 형태의 수업에 도전하고자 하는 교사에게 자신만의 수업을 디자인하는 방향을 제시한다.

다양한 형태의 소통과 협업이 가능한 마이크로소프트 팀즈(Microsoft Teams, 이하 팀즈)는 수업 디자인을 위해 다음과 같은 활동이 가능하다.

- 학교에서 팀즈를 사용하기 위한 각종 선제 작업과 관리자 길잡이
- 많은 사람이 오랫동안 익숙하게 사용하던 오피스 프로그램(워드, 엑셀, 파워포인트)뿐만 아니라 다양한 마이크로소프트 프로그램(원노트, 폼즈, 스트림, 화이트보드 등)을 팀즈 플랫폼 안에서 생성, 편집, 공유하는 다양한 수업과 모둠 학습 유형
- 플랫폼에 포함된 컨퍼런스 콜(화상 회의) 도구를 이용한 실시간 화상 수업, 모둠 토의, 다양한 출결 확인 방법
- 루브릭과 피드백의 적절한 활용으로 효과적인 성적 처리 및 관리
- 팀즈의 전반적 기능을 활용한 손쉬운 수업/평가/기록의 일체화
- 학교에서 일어나는 수업 외 다양한 활동(교무실, 담임, 동아리 등)을 돕는 팀즈 활용법
- 팀즈에 앱을 추가하여 수업을 다양하게 디자인하는 방법

예상치 못한 상황에서 멈춰버릴 위기에 처한 학교 교육을 팀즈를 활용하여 디자인하면, 온라인으로도 손색없이 수업을 진행할 수 있다. 또한, 평소의 오프라인 수업과 병행된다면 더욱 풍성한 수업과 학습 활동을 제공하여 교사와 학생 모두의 성장을 도울 수 있다. 이 책은 실제 수업을 디자인하는 교사들뿐만 아니라, 현재 이루어지고 있는 온라인 교육 및 블렌디드 러닝을 이해하고자 하는 관리자와 행정가, 그리고 부모님들께도 좋은 가이드가 될 것이다.

MS 팀즈 수업 디자인

학습관리시스템과
팀즈

Chapter 01 **학습관리시스템과 팀즈**

마이크로소프트 팀즈(Microsoft Teams)는 소통하고 협업하는 데 필요한 플랫폼이다. 채팅 도구, 화상 회의 도구, 모든 업무 파일, 업무를 돕는 다양한 앱 등을 한곳에 모아 디지털 허브 역할을 하여, 기업이나 학교의 소통 효율성을 높인다. 또한, 팀즈는 마이크로소프트 Office 365를 기반으로 하기 때문에 회사나 기관의 많은 구성원에게 익숙한 워드, 엑셀, 파워포인트 등 도구를 더욱 편리하게 사용할 수 있는 장점이 있다. 그뿐만 아니라 필요한 기능을 돕는 다양한 앱을 추가하여 업무 효율성을 높이고 확장할 수 있다. 특히 교육 기관에서 팀즈는 훌륭한 학습관리시스템(Learning Management System, LMS)의 역할을 한다.

이번 챕터에서는 먼저 학습관리시스템이란 무엇이며 학습관리시스템으로서의 팀즈(Teams)를 살펴본다. 그리고 학교에서 팀즈를 시작하는 첫 단계인 마이크로소프트 Office 365의 계정을 생성하는 방법과 Office 365의 기본 앱들을 소개하고 팀즈의 특징을 배운다. 또한 학습관리시스템을 이용하여 수업을 진행할 때, 필요한 교사와 학생들의 자세 및 온라인 수업 에티켓을 알아본다.

1. 학습관리시스템으로서의 팀즈

1.1 학습관리시스템이란?

학습관리시스템은 학습자들의 학습을 지원하고 관리하는 시스템이다. 온라인 교육 시스템 내에서 교육과정과 학습 프로그램을 관리하고, 학생들의 학습을 기록하며 추적하고, 학생들에 관한 종합적인 보고서를 만들 수 있는 시스템이다. 이 시스템은 다음 그림처럼 학급을 편성하고 수강 신청을 하는 수업 전 과정, 학습자료와 과제를 부여하고 수업을 진행하는 수업 과정, 채점이나 학습 과정 추적 및 학습 이력을 관리하는 수업 후 과정을 포함한다.

그림 1-1 학습관리시스템

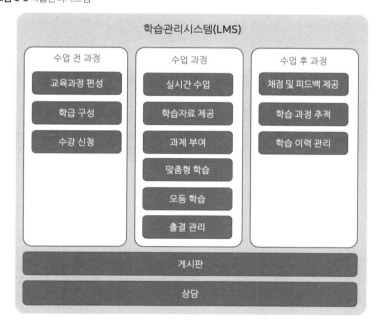

대표적인 학습관리시스템으로는 캔버스(Canvas), 블랙보드(Blackboard), G Suite for Education(보통 구글 클래스룸이라고 지칭한다), 스쿨로지(Schoology) 등이 있다.

1.2 교육 환경에서의 팀즈

팀즈는 다른 학습관리시스템에 비해 활용도나 확장성이 높다. 첫째, 업무와 수업에서 많이 쓰이는 MS(마이크로소프트) Office 365의 프로그램(워드, 엑셀, 파워포인트 등)을 따로 열지 않고 팀즈 플랫폼 안에서 생성하고 편집하며 공유할 수 있다. 둘째, 스마트폰이나 개인용 컴퓨터 등 다양한 기기에서 접속하여 사용할 수 있기 때문에 바로바로 수업을 진행하거나, 수강할 수 있으며 소통할 수 있다. 셋째, 교사(구성, 부여, 채점, 피드백, 이력 관리)와 학생(확인, 수행, 수정)의 과제와 관련된 활동이 한곳에서 이루어지므로 매우 효율적이다. 넷째, 수업용 전자 필기장 등의 앱을 활용하여 교사와 학생 간 활발한 상호작용이 있는 수업과 개별화된 학습이 가능하다. 다섯째, 화상 회의나 채팅 도구를 포함하고 있어서, 언제 어디서나 실시간으로 팀즈에 모여 수업을 진행할 수 있고 모둠 활동을 하며 공동으로 작업할 수 있다. 여섯째, MS 프로그램뿐만 아니라, 수업에 필요한 타사의 서비스를 사용자 지정 앱으로 추가하여 맞춤형 교육과정과 수업을 구성할 수 있다. 이러한 팀즈의 특징은 팀으로의 학급 구성원들의 학습 효율을 높이고 역량을 향상시킨다.

1.3 팀즈의 장점: All in One

온라인 쌍방향 실시간 수업을 할 수 있는 수많은 플랫폼 중 팀즈를 활용해야 하는 가장 큰 이유는 바로, 팀즈가 '올인원(All in One)'의 성격을 지니기 때문이다. 팀즈 하나로 LMS(수업 관리)와 실시간 화상 강의뿐 아니라 소셜 네트워크, 협업 문서 작업, 화상 모둠 활동 등이 모두 가능하다. 또한, 팀즈는 강력한 협업 플랫폼이므로 수업 외에도 학교 교무팀, 동아리팀, 학년팀, 교사 전문학습 공동체팀 등에도 활용하여 온라인 수업을 넘어 온라인 학교, 온라인 교육 기관 구성까지 할 수 있다.

그림 1-2 팀즈의 특징

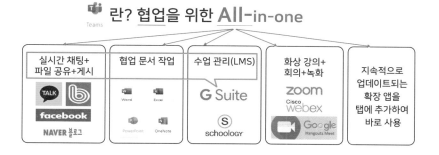

2. 교육용 Office 365란?

교육용 Office 365(이하 o365)는 MS에서 교육 기관을 대상으로 제공하는 클라우드 환경의 오피스(워드, 엑셀, 파워포인트, 원노트, 원드라이브 등)와 온라인 교실 도구인 MS 팀즈를 말한다. 클라우드 환경의 오피스는 기존에 PC에서 설치하는 Single alone[1] 버전의 MS Office 프로그램과 달리 온라

---

1   Single alone: 독립하여 작동하는 프로그램으로 다른 장치나 인터넷 연결없이 사용할 수 있다.

인에서 문서를 공유할 수 있어서, 협업 문서를 작성하고 여러 사용자의 작업 이력을 관리할 수 있다. 전국의 각 시도교육청은 MS와 연간 계약 후 관내 학교에 인증키를 안내하여 계약 기간 동안 소속 교직원과 학생들이 무료로 사용할 수 있게 제공하고 있다. 이때, 시도교육청은 별도의 o365 포털을 구성한 후 접근할 수 있도록 만들기도 한다. 예를 들어, 부산광역시교육청의 도메인은 'pen.go.kr'이며 부산광역시교육청의 o365의 포털은 여기에 'o365'를 결합한 'o365.pen.go.kr'로 구성된다.

2.1 테넌트(Tenant)

테넌트(Tenant)의 뜻은 '거주자', '입주자'이다. 즉, 마이크로소프트의 o365라는 큰 집에 시도교육청별 교육용 o365가 입주했다는 의미에서 이를 '교육청 테넌트'라고 하며 교직원과 학생에게 <아이디>@o365.<시도교육청 도메인>'으로 계정이 생성된다. 예를 들어, 아이디가 'teacher'고 부산광역시교육청 테넌트를 사용한다면 계정은 "teacher@o365.pen.go.kr"이 되는 것이다. 교육청 테넌트의 경우는 학교 간 구분이 아니라 시도교육청별로 구분되며 관리자는 소속 시도교육청 테넌트 내의 모든 교사와 학생 및 수업팀을 관리할 수 있다. 가령 교육청 테넌트를 사용하는 학교에서 한 교사가 자신의 수업팀을 실수로 삭제하여 복구가 필요하다면 시도교육청 관리앱에 접근 가능한 관리자에게 문의하여 처리해야 한다.

코로나19로 인해 온라인 쌍방향 플랫폼으로 MS 팀즈의 사용이 대폭 늘어나면서 학교별 테넌트로 분리할 필요성이 대두되었다. 이에, 2020년 4월부터 각 시도교육청에서는 학교별 o365를 입주(Tenant)시키고 이를 '학교 테넌트'라 하였다. 학교 테넌트에서 교직원과 학생들의 계정은 시도교육청 도메인 대신 학교별 도메인을 사용하도록 하였으며 학교 내 관리자 계정을 별도로 생성하여 세부 관리할 수 있도록 하였다. 예를 들어 아이디가 'teacher'이고 학교 도메인이 'abc.hs.kr'이라면 계정은 "teacher@abc.hs.kr"이 되는 것이다. 다음 그림은 교육청 테넌트와 학교 테넌트를 비교한 것이다. 다만, 시도교육청에 따라 학교 테넌트 서비스 방식에 차이가 있을 수 있다. 예를 들어, 학교 테넌트를 사용하더라도 시도에서 관리자 계정을 따로 발급하여 제공하지 않을 경우엔 계정 일괄 생성 등의 관리를 사용할 수 없다.

학교 테넌트를 관리하려면, '관리(Admin)' 앱 접근 권한을 가져야 하는데 별도의 관리자 계정을 생성하여 관리 앱 접근 권한만을 부여하는 방법이 있고 특정 교사의 개인 계정에 관리 앱 권한을 추가로 부여하는 방법이 있다. 하지만 업무 담당 교사는 매년 바뀔 수 있으므로 별도의 관리자 계정을 생성하여 해당 계정으로만 관리하는 경우로 제한하여 안내하겠다.

만약 특정 교사에게 관리 앱 접근 권한을 부여하는 방법이 궁금하다면 Chapter 2의 4.1 사용자 관리를 참고하길 바란다.

표 1-1 교육청 테넌트와 학교 테넌트의 비교

	교육청 테넌트	**학교 테넌트**
관리자	교육청 관리자	학교 내 관리자
계정 형태	아이디@o365.시도교육청 도메인	아이디@학교 도메인
계정 생성 방법	교직원, 학생 각자 생성	1. 교직원, 학생 각자 생성 2. 학교 내 관리자가 일괄 생성
학교별 관리	불가능	가능
인증키	교육청 내 동일	학교 내 동일

교육청 테넌트와 학교 테넌트가 잘 이해되지 않아요.

다음 그림과 같이 MS o365는 구글의 구글 클래스룸과 비교할 수 있다. 마이크로소프트는 교육 기관용 라이선스를 제공하기 위해 교육청 단위로 계약하는 '교육청 테넌트'를 서비스하기 시작하였고, 구글은 교육 기관에서 사용할 경우 교육청이 아닌 학교 도메인별로 구성하는 G Suite for Education(보통 편하게 '구글 클래스룸'이라고 부르기도 한다)을 권장해 왔다. 최근 온라인 쌍방향 수업이 활성화되면서 o365도 G Suite for Education처럼 학교 도메인별로 테넌트를 구성하였는데, 이를 '학교 테넌트'라고 한다. 즉, 구글의 G Suite for Education에 해당하는 것이 o365의 학교 테넌트다. G Suite for Education과 o365 학교 테넌트는 학교 내 관리 계정이 별도로 발급되어 관리자 계정으로 로그인하면 계정을 일괄 생성하는 등의 업무를 처리할 수 있다(시도교육청에 따라 관리자 계정을 안내하지 않는 경우도 있음. 이럴 경우엔 학교 테넌트라 할지라도 계정을 일괄로 생성하는 관리 앱에 들어갈 수 없으므로 개별적으로 계정을 생성해야 함).

그림 1-3 MS와 구글의 도메인 비교

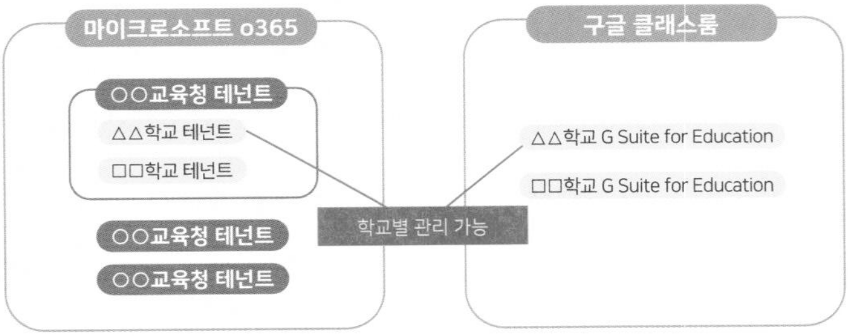

2.2 계정 생성

본인이 직접 계정을 생성

기본적으로, 계정을 생성할 때에는 교직원과 학생 모두 o365 포털에 접속하여 **그림 1-4**에서 보이는 메뉴를 통해 각자 생성한다. 하지만 학교 테넌트

를 사용하는 경우, 시도교육청에서 별도로 관리자 아이디를 생성하여 안
내한다면 관리자가 교직원과 학생의 계정을 한 명씩 또는 일괄로 생성해줄
수 있다(이어서 나오는 '관리자가 사용자 계정 생성' 참고).

우선 교직원과 학생이 각자 생성하는 방법부터 살펴보자(실제로 이 방법을
권장한다). 필요한 준비물은 교육청에서 안내받은 o365 인증키와 개인 인증
을 위한 스마트폰이다. 이때, 교육청 테넌트의 o365 인증키와 학교 테넌트
의 o365 인증키가 서로 다르고 교직원용과 학생용 인증키도 구분되는 점을
주의하도록 한다.

우선, o365 포털에 접속한 후 [Office 365 가입] → [교직원 계정 생성] 또는
[학생 계정 생성]을 클릭한다. [계정 정보 확인] 메뉴는 계정 생성 이후 암호
나 정보를 변경할 때 사용한다(2.3 계정 정보 변경 참고).

그림 1-4 o365 계정 생성 메뉴

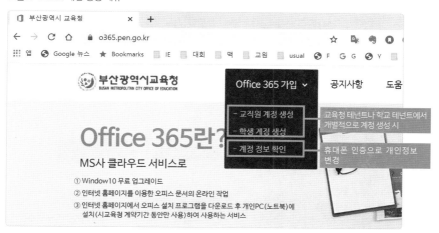

계정 생성은 1) 약관 동의 → 2) 사용자 확인 → 3) 계정 가입으로 이루어
진다.

약관 동의는 개인정보 수집 및 이용을 동의하는 절차이다.

그림 1-5 o365 계정 생성의 1단계 약관 동의

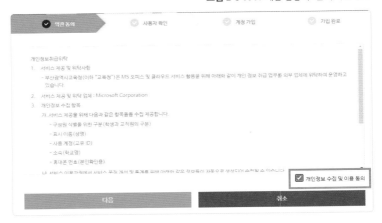

사용자 확인은 스마트폰 인증으로 확인한 후, 가입 인증 코드인 o365 인증키를 입력하는 절차이다. 사용자 본인의 스마트폰이어야 할 필요는 없으므로 스마트폰이 없는 학생의 경우 가입 시 부모님 스마트폰으로도 계정을 생성할 수 있다.

그림 1-6 o365 계정 생성의 2단계 사용자 확인

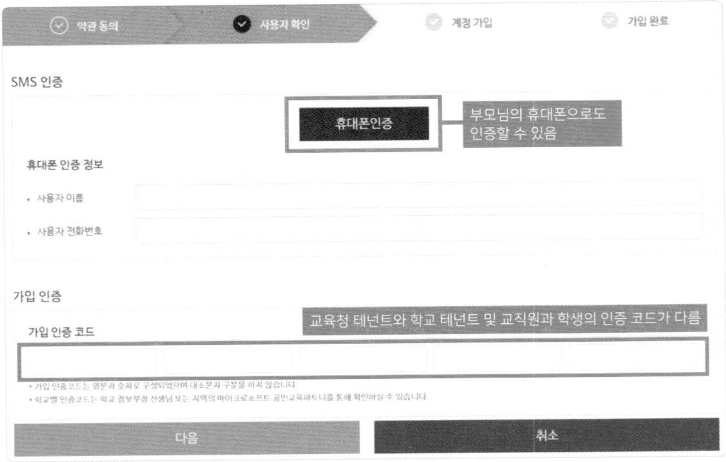

계정 가입이란 소속 기관을 확인하고 계정 이름(실제 팀즈에서 나타나는 이름)을 정하고([직접입력] 박스를 체크하여 작성) 테넌트의 계정(이메일)과 암호를 정하는 절차이다. 이때 정한 이메일 계정과 암호는 팀즈를 비롯한 o365 앱을 사용할 때, 로그인하는 정보이므로 잊지 않도록 한다. 이렇게 각자의 계정 생성 및 o365 가입이 완료된다.

그림 1-7 o365 계정 생성의 3단계 계정 가입

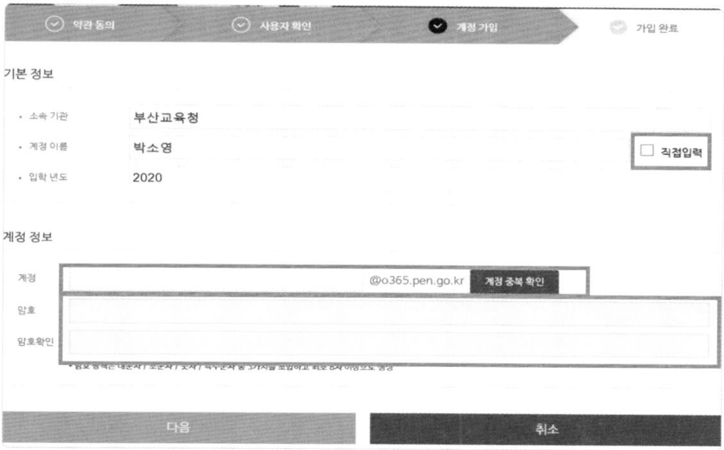

관리자가 사용자 계정을 생성

학교 테넌트를 구성한 경우라도 시도교육청에 따라 학교별 관리자 계정을 별도 안내하지 않고 교사용과 학생용의 o365 인증키만 안내하기도 한다. 만약 학교별 관리자 계정을 별도로 만들어 안내하였다면 **그림 1-8**의 왼쪽처럼 학교별로 생성되고 안내된 관리자 계정으로 o365 포털에 로그인해야 그림의 오른쪽처럼 [Admin(관리)] 앱이 나타난다.

그림 **1-8** o365 관리자 계정 로그인

교직원 또는 학생 계정을 일괄로 생성하려면 [Admin]을 클릭한 후, [Users]
→ [Active users] 메뉴를 선택한다. 한 명씩 추가할 때는 [Add a user]를, 한꺼
번에 여러 명 추가할 때는 [Add multiple users]를 선택한다.

그림 **1-9** o365 [Admin] 앱

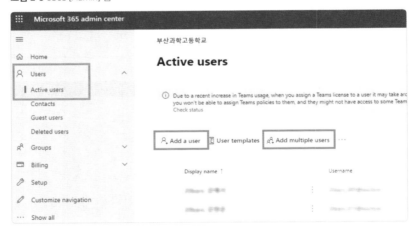

▪ **사용자 개별 추가: [Add a user]**

[Add a user]는 사용자를 한 명씩 등록하는 메뉴이다. **그림 1-10**의 1단계에서 각 항목에 해당하는 내용을 입력한다. [Display name]은 팀즈에서 표시되는 이름이므로 '학번+성명'으로 구성하는 것도 하나의 방법이다. 표시되는 이름을 학번과 성명으로 했다면, 다음 학년도 진급 시 o365 포털의 [계정 정보 확인] 메뉴(2.3 계정 정보 변경 참고)를 통해 진급한 학번으로 변경해준다. [Password settings(비밀번호 설정)]에서 [Auto-generate password]로 하면 임시 비밀번호를 자동으로 생성하고 [Require this user to change their password when they first sign in]을 체크하여 본인이 처음으로 로그인할 때 자동 생성된 비밀번호를 새로운 비밀번호로 바꿀 수 있도록 한다.

그림 1-10 사용자 개별 추가 1단계

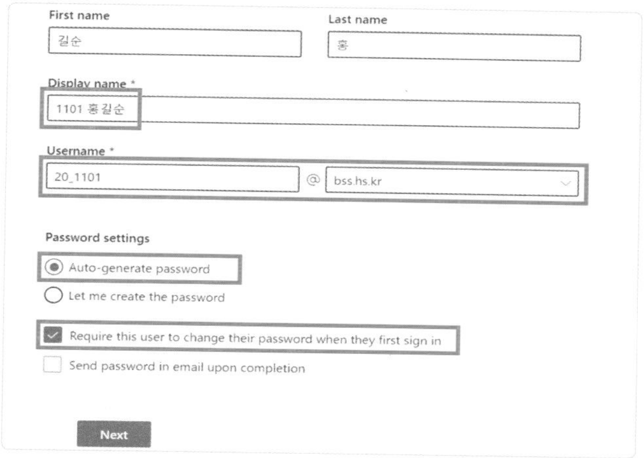

학생 계정을 생성할 때는 다음 단계(**그림 1-11**)에서 세 번째 항목인 [Office 365 A1 Plus for students] 라이선스를 선택하고 교직원 계정을 생성할 때는 두 번째 항목인 [Office 365 A1 Plus for faculty]를 선택한다. **그림 1-11**은 학생 계정을 생성하는 예이다.

그림 1-11 사용자 개별 추가 2단계

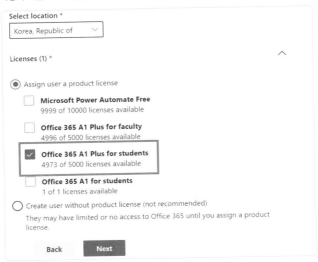

다음 단계(**그림 1-12**)에서 'Roles'의 오른쪽 화살표 모양을 클릭하면 [User(사용자)]와 [Admin(관리자)]의 역할을 선택할 수 있다. 교직원과 학생 의 경우 [User]를 선택한다.

그림 1-12 사용자 개별 추가 3단계

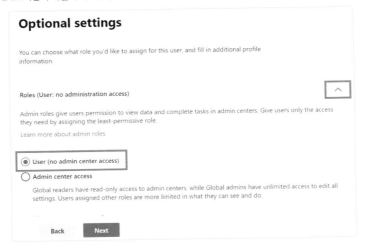

네 번째 단계(**그림 1-13**)에서는 바로 앞 단계까지 선택한 내용을 확인한 후
[Finish adding] 버튼을 클릭한다.

그림 1-13 사용자 개별 추가 4단계

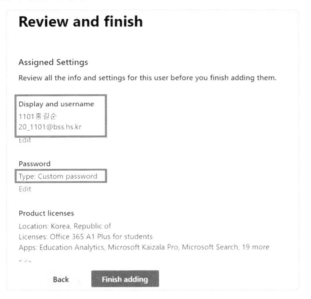

사용자를 추가하는 마지막 단계에서는 입력 및 선택한 내용을 확인하고
자동 생성된 비밀번호도 확인할 수 있다. 확인한 Username(사용자명)과
Password(비밀번호)를 학생에게 안내한다.

그림 1-14 개별 추가 마지막 단계

[User] → [Active users] 메뉴를 클릭하면 **그림 1-15**처럼 사용자가 추가된 것을 확인할 수 있다.

그림 1-15 사용자 추가 확인

추가된 학생이 안내받은 사용자명과 비밀번호로 o365 포털 로그인을 처음 시도하면 다음 그림처럼 암호 업데이트 창이 나타난다. 학생은 안내받은 암호(자동 생성된 암호)를 본인이 만든 새로운 암호로 설정하고 로그인한다.

그림 1-16 사용자 로그인

암호 업데이트 후 로그인하면 다음 그림처럼 o365 앱과 팀즈 앱을 사용할 수 있다.

그림 1-17 추가된 사용자의 o365 앱

- **여러 명의 사용자 일괄 추가: [Add multiple users]**

[Add multiple users]는 여러 사용자를 한 번에 추가하는 메뉴이다.

그림 1-18 여러 사용자 추가

[Add multiple users]를 클릭하여 일괄 정보를 작성할 수 있는 양식 파일 (.csv)을 내려받는다. 이때 **그림 1-19**처럼 두 번째에 있는 [Download]를 선택 하는 것이 좋다. 컬럼명(headers)만 있는 csv 파일 양식보다는 샘플 데이터가 있는 csv 파일을 내려받아 사용하는 것이 편하기 때문이다.

그림 1-19 양식 파일 내려받기

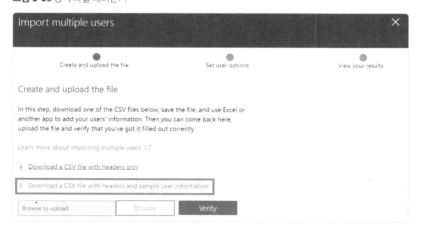

내려받은 파일을 엑셀에서 열면 다음 그림과 같다.

그림 1-20 내려받은 양식 파일(.csv)

헤더인 컬럼명은 그대로 두고 **그림 1-21**의 붉은색 부분처럼 계정 정보만 입력하여 작성한다. 이것이 일괄 등록할 사용자 정보가 저장된 csv 파일이다.

그림 1-21 파일 작성

저장한 csv 파일은 타당성(Verify)을 검증한 후 업로드하는 단계를 거쳐야 하는데 그 과정은 다음 그림과 같다. 여기서 반드시 "Your file looks good. Click tap Next."가 초록색으로 체크되어야 업로드에 성공한 것이므로 주의하자.

그림 1-22 파일 검증 및 업로드

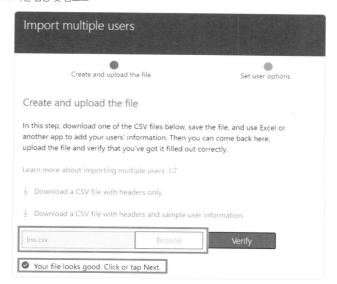

다음 단계는 업로드에 성공한 사용자(Sign-in allowed)들에게 라이선스를 설정하는 절차다(**그림 1-23**). 지역(Location)인 'Korea, Republic of'를 확인한 후 학생 계정을 일괄 생성하는 경우에는 세 번째 라이선스인 'Office 365 A1 Plus for students'를 [On]으로 설정한다. 보통 학교 테넌트에서 학생 계정은 5000개까지 가능하다. 이 화면에서 현재 몇 개를 사용할 수 있는지 수치로 바로 확인할 수 있다.

그림 1-23 파일 라이선스 등록

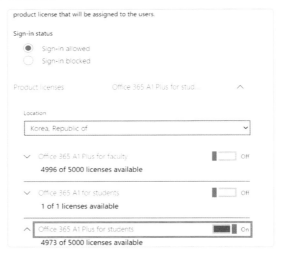

다음 단계는 라이선스 할당까지 모두 마친 결과를 안내한다. 업로드에 성공한 사용자의 수를 한 번 더 확인한 후 [Send and close] 버튼을 클릭한다.

그림 1-24 일괄 계정 생성 성공

Active User 대시보드에 **그림 1-25**처럼 일괄 생성한 사용자 계정 정보가 나타남을 확인할 수 있다.

그림 1-25 일괄 계정 생성 확인

일괄 계정 생성 단계에서는 비밀번호 정보를 넣지 않았으므로 일괄 생성 후 다음 그림과 같이 사용자마다 열쇠 아이콘([Reset a password])을 클릭한다.

그림 1-26 계정 비밀번호 설정 메뉴

비밀번호 자동 생성 또는 조건에 맞는 비밀번호를 만들어서 제공하는 방법 중 하나로 설정하여 사용자에게 초기 비밀번호를 안내한다. 학생들이 안내 받은 계정과 암호로 o365 포털에 로그인하면 초기 한 번은 암호를 변경할 수 있도록 팝업 창이 나타난다. 여기서 주의할 점은 관리자 스마트폰 번호 로 인증받은 후 일괄 파일을 생성했다면 이후 비밀번호 변경이나 비밀번호 분실 시 스마트폰 인증이 불가하여 계정 정보 변경으로 암호를 변경할 수 없다. 이때는 관리자에게 암호 리셋을 요청해서 변경하거나 재생성하도록 한다.

그림 1-27 계정 비밀번호 생성

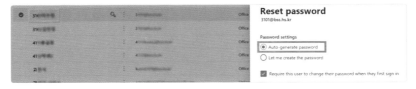

2.3 **계정 정보 변경**

계정 생성이 완료된 이후 다음과 같은 정보 변경이 필요하다면 o365 포털 에서 [계정 정보 확인]을 선택한다. 다음은 [계정 정보 확인]에서 수행할 수 있는 기능이다.

- 암호 변경
- 암호 분실
- o365 앱에서 표시되는 이름 변경

그림 1-28 o365 포털의 [계정 정보 확인] 메뉴

계정 생성 시 인증했던 스마트폰 번호로 스마트폰을 인증한다.

그림 1-29 계정 정보 변경 1단계: 스마트폰 인증

인증 후 동일한 스마트폰 번호로 계정을 생성했던 사용자 정보가 모두 나타난다. 교사가 본인의 스마트폰 인증을 통해 본인의 계정뿐 아니라, 학급 학생들의 계정도 대신 생성했다면 학급 학생들이 모두 사용자로 나타난

다. [변경] 버튼을 통해 암호 변경 또는 사용자 표시 이름 정보를 변경할
수 있다.

그림 1-30 계정 정보 변경 2단계: 암호 또는 정보 변경 메뉴

계정 목록					
• 사용자 이름					
• 인증 번호	010				

계정	이름	입학년도	암호	정보	삭제
@bss.hs.kr			변경	변경	삭제
@bss.hs.kr			변경	변경	삭제
@bss.hs.kr			변경	변경	삭제

메인

**3
단계**

현재 암호를 변경하거나 암호를 분실해서 재설정하고자 할 경우엔 암호의
[변경]을 클릭하여 새로운 암호로 수정한다.

그림 1-31 계정 정보 중 암호 변경

계정	t 7@bss.hs.kr
암호	
암호확인	

• 암호 정책은 대문자 / 소문자 / 숫자 / 특수문자 중 3가지를 조합하고 최소 8자리 이상으로 생
성

수정　취소

4
—
단계

팀즈에서 표시되는 자신의 정보를 변경하고자 할 경우엔 정보의 [변경]을 클릭하여 수정한다. 현재 표시되는 이름의 규칙을 '학년도_학번_성명'으로 통일한 경우나 '학번+성명'으로 통일한 경우에는, 상급 학년에 진급한 후 학번 정보가 변경되어야 하는데 그때에도 이 메뉴를 통해 수정한다.

그림 **1-32** 계정 정보 중 표시이름 변경

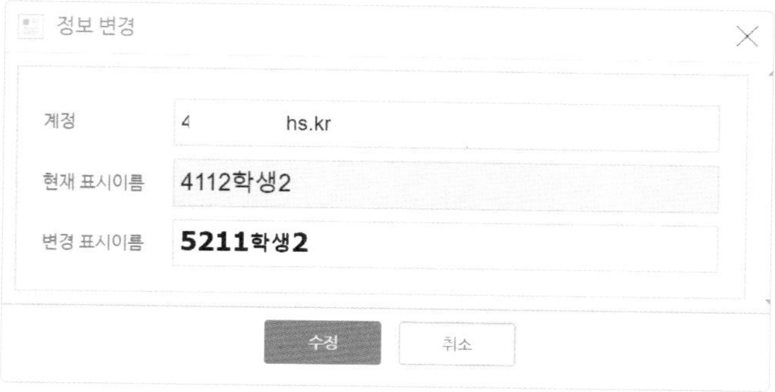

정보 변경		✕
계정	4 hs.kr	
현재 표시이름	4112학생2	
변경 표시이름	**5211학생2**	
	수정 취소	

3. o365의 기본 앱 알아보기

앞에서 생성한 계정으로 팀즈를 포함하여 o365 포털에 있는 많은 도구를 사용할 수 있다. o365 포털에서 [클라우드 환경의 오피스 시작하기]를 클릭하면 사용자 로그인이 가능하다.

그림 **1-33** o365 시작

로그인하면 o365 기본 앱이 나타나며 [All apps]를 클릭하면 사용할 수 있는 더 많은 확장 앱을 확인할 수 있다.

그림 1-34 o365 앱

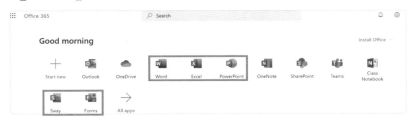

이어서, 수업에 유용하게 사용할 수 있는 스웨이(Sway), 폼즈(Forms), 그리고 기본 오피스 도구인 워드(Word), 엑셀(Excel), 파워포인트(PowerPoint)의 협업 기능에 대해 간단하게 살펴보자.

3.1 스웨이(Sway)

웹 기반[2] 프레젠테이션 앱으로 파워포인트와 같은 전통적인 프레젠테이션의 슬라이드 구성 방식이 아닌 블로그, 신문 등의 형식으로 자료를 구성할 수 있다. 이미지, 영상 등을 삽입하여 인터렉티브한 전자문서를 쉽고 빠르게 만들 수 있다. 특히, 모둠 팀원끼리 '편집 가능한 주소 공유'를 통해 쉽게 협업하여 하나의 발표 자료를 만들 수 있으며, 스마트 기기에서도 접근할 수 있어서 언제, 어디서든지 결과물을 공유하고 활용할 수 있다. o365 기본 앱에서 [Sway]를 클릭하면 새 문서를 시작할 수 있다.

---

2 웹 기반 웹 브라우저를 이용하여 온라인으로 사용하는 소프트웨어 형태를 일컬으며 인터넷 연결이 필수적이다.

그림 1-35 스웨이 문서 시작

기본적으로 제공되는 다양한 템플릿을 활용하여 구성하면 처음 접하는 학생들도 쉽고 빠르게 웹 프레젠테이션 문서를 완성할 수 있다. 화면 하단의 [More templates]을 클릭하면 다양한 템플릿을 확인할 수 있다.

그림 1-36 스웨이 제공 기본 템플릿

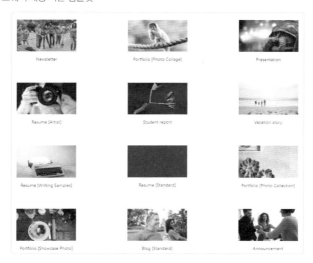

스웨이 문서 작성은 다음 절에 이어지는 '4.2 실습 2: 스웨이로 온라인 에티켓 신문 만들기'에서 자세히 살펴보도록 하겠다.

3.2 폼즈(Forms)

폼즈는 웹 기반 설문지, 퀴즈 작성 앱이다. 설문지 양식으로 폼즈를 사용하면 응답자들의 생각이나 의견을 물어볼 수 있어서 학교에서 조사할 때 사용할 수 있다. 퀴즈 양식은 정답을 미리 입력해두면 자동으로 채점할 수 있어서, 수업시간에 형성 평가하는 데 활용할 수 있다. 폼즈 앱에서 설문이나 퀴즈를 만든 후 공유 주소를 복사하여 팀즈의 수업팀 게시판에 붙여넣으면 해당 수업에 참여하는 학생들이 쉽게 설문이나 퀴즈에 응할 수 있다. 학생들의 응답은 원형 그래프와 엑셀 파일로 구성되어 교사가 집계하여 분석하거나 평가하는 등 바로 활용할 수 있다.

그림 1-37 폼즈 새 문서 작성

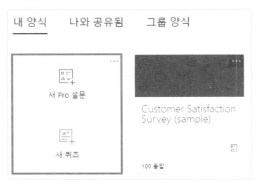

설문 양식

설문 양식을 선택하면 채점 기능 없는 설문지 작성이 가능하고 5가지로 답지 형태를 구성할 수 있다. [선택 항목]은 객관식, [텍스트]는 주관식, [평가]는 '좋다/좋지 않다'의 평가, [날짜]는 원하는 날짜를 선택하는 답지이다.

그림 1-38 폼즈 설문지 작성: 설문 양식

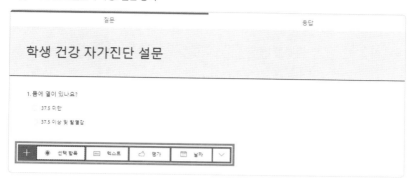

퀴즈 양식

정답 및 피드백 메시지 입력, 수식 입력이 가능하며 문항별 점수를 저장할
수 있어서 자동으로 채점하는 양식을 만드는 메뉴이다. 다음 그림에서 정답
인 선택지를 체크(❶)하고 학생에게 피드백으로 제공할 메시지를 저장한
다. [⋯] 추가 메뉴(❷)를 클릭하면 분기 문제도 만들 수 있고 [수학](❸)을
클릭하면 수식 입력도 가능하다. ❹를 클릭해서 문항별 배점을 입력한다.

그림 1-39 폼즈 퀴즈 작성: 퀴즈 양식

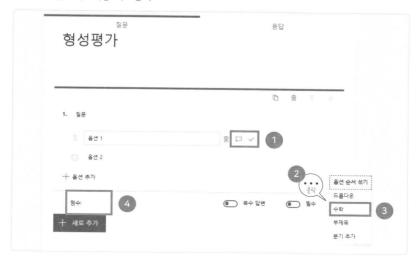

복잡한 수식이나 그림이 들어가는 문항이라면 [수학]을 통한 수식 입력보
다는 **그림 1-40**에서 표시된 버튼을 눌러 이미지 삽입으로 작성하길 바란다.
별도의 문서 편집 프로그램에서 수식 또는 그림을 삽입하여 문항을 만든
후, 캡처하여 이미지로 저장하고 삽입하여 사용하면 된다.

그림 1-40 폼즈 퀴즈 문항에서 이미지 삽입

서식 작성을 완료하면 공유 주소를 활용하여 학생들의 응답을 수집할 수
있고, 서식 파일과 편집 링크를 공유할 수 있어서 다른 교사와 협업하여 문
제를 출제할 수 있다.

그림 1-41 폼즈 공유

3.3 협업 문서

o365 앱 중에서 교사들에게 익숙한 엑셀(Excel), 워드(Word), 파워포인트 (PowerPoint)의 경우 개인 PC에 별도로 설치한 Standalone 버전과 달리, o365 앱에서는 공유 기능을 활용하여 하나의 문서를 여러 명이 협업하여 작성할 수 있다. 또한 작업 버전 관리 기능으로 협업한 사람들의 작업 이력 을 확인할 수 있다.

다음 그림에서 표시된 부분은 세 가지 앱의 협업을 위한 주소 공유 버튼과 협업 시 주고받는 메모 버튼을 나타낸다.

그림 1-42 워드, 엑셀, 파워포인트의 문서 공유

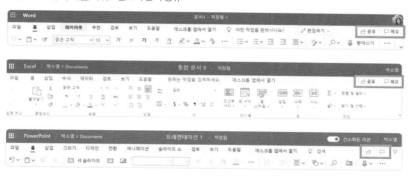

[공유] 버튼

[공유] 버튼을 통해 링크 주소를 가진 모든 사용자, 소속 사용자, 엑세스 권한 보유자, 특정 사용자 등과 공유할 수 있다. 또한, 주소만 있다면 누구나 편집 권한이 있으므로 모둠 활동 시 협업 문서 작성에 활용할 수 있다. 수업뿐 아니라 교무 업무 시, 엑셀 시트로 정보나 집계 조사를 할 경우에도 일일이 양식을 제공하고 회수하여 하나의 문서로 재편집할 필요 없이 한 문서에 동시 접속하여 협업할 수 있어 편리하다.

그림 1-43 공유 링크 설정

[메모] 버튼

문서 협업 시 메모를 남길 수 있고 남겨진 메모에 회신을 남길 수도 있다.

그림 1-44 문서 메모 기능

4. 온라인 수업 에티켓

온라인 수업 진행 전 학생들에게 온라인 수업 에티켓을 교육할 필요가 있다. 강의식 교육보다는 퀴즈, 모둠 프레젠테이션, 워드 클라우드, 온라인 서약, 유튜브 감상 등의 학생 활동을 통해 학생들이 직접 인지하도록 안내한다(이어서 나오는 실습 1, 2, 3 참고). 학생들이 갖춰야 할 온라인 수업의 기본적인 에티켓 내용은 다음과 같다.

화상 수업에서 지켜야할 에티켓

- 약속된 시간에 입장과 퇴장을 한다.
- 선생님의 안내에 따라 카메라와 스피커를 켜거나 끈다.
- 선생님의 허락을 받은 후 이야기한다.
- 선생님의 허락을 받은 후 화면을 공유한다.
- 화면을 공유할 때 수업과 관련 없는 사적인 내용이 보이지 않도록 조심한다.
- 허락받지 않은 파일은 절대 공유하지 않는다.
- 채팅창에서 수업과 관련 없는 이야기는 하지 않는다.
- 화상 미팅 장면을 녹화하지 않는다(필요한 경우 선생님이 해서 공유할 것).
- 온라인 수업에서 받은 수업자료를 다른 공간에 공유하지 않는다(저작권 위반으로 처벌받을 수 있다).

디지털 가상 공간에서 지켜야할 에티켓

1. 세 번
- 사이버 공간에 글을 쓸 때는 세 번 이상 신중하게 생각한다. 무심코 작성한 글이 본의 아니게 다른 사람에게 폭력적인 행위가 될 수 있으므로, 상대방과 직접 대면할 수 없는 사이버 공간에서 글을 쓸 때는 더욱 신중한 태도를 갖도록 노력한다.

2. 역지사지(易地思之)
- 상대방에게 존중받고 싶다면 나부터 실천한다.
- 부정적인 의미가 없는 별명이라도 듣는 이가 불편하다면 하지 않는다.

3. 나는 나, 주변 사람들의 영향에 휩쓸리지 않기

- 친구들의 언행 또는 유행을 따라 하다가 무의식적으로 사이버 폭력에 가담할 수 있다.
- 다같이 특정 친구를 일부러 피하거나 싫어하는 말로 놀리지 않는다.

4. 정직하고 당당하게

- 익명성에 기대면, 폭력을 저지르기 쉽고 피해를 당하기도 쉽다.
- 익명성에 기대지 않으면 할 수 없는 말과 행동에 대해서 신중히 고민하게 된다.
- 비판적인 태도와 비난하는 태도를 구분한다.
- 익명의 글을 쓰더라도 논리성을 잃지 않는다.

5. 진짜 가짜 직접 파악하기

- 사실 여부와 관계없이 누군가에게 피해를 줄 수 있는 말이나 글을 최초로 유포한 자는 감당해야 할 법률적 책임이 있으므로, 확신할 수 없는 정보는 전달하지 않는다.
- 타인에게 들은 이야기를 근거로 주장이나 비판을 하지 않는다.
- 단편적인 사실들의 나열만으로 이야기를 확장해 전하지 않는다.
- 자신이 한 말이나 쓴 글에 책임을 진다. "친구들에게 들은 말을 전했을 뿐이에요."라는 식의 말 뒤에 숨지 않는다.

6. 동의 구하기

- 다른 사람의 정보를 공개하기에 앞서 반드시 사전에 당사자의 동의를 구한다.
- 허락받지 않은 녹음/녹화 및 공유를 하지 않는다.

7. [매우 중요] 학교생활에 관한 블로그, 유튜브 등의 활동 시 유의할 점

- 타인(친구, 선생님)의 얼굴 및 모습이 드러나지 않도록 한다(양해를 구했을 때 제외).
- 수업 중 받은 학습지, 선생님의 필기 내용 등을 공개하지 않는다.
- 학교의 공지사항이나 가정통신문 등 공식 문서를 그대로 공개하지 않는다.
- 학교생활기록부의 내용 및 처리방식을 공개하지 않는다.
- 반드시 출처를 밝힌다.

출처

- 디지털 리터러시 블로그(화상 수업에서 지켜야 할 에티켓): https://21digitalguru.tistory.com/4
- 디지털 리터러시 블로그(디지털 공간에서 지켜야 할 에티켓): https://21digitalguru.tistory.com/6

팀즈에서 온라인 수업을 시작하기 전에 학생들이 서약할 수 있는 설문지를 구성하여 학생들이 서약하고 수업에 참여할 수 있도록 하는 것도 하나의 방법이다. 팀즈의 수업팀 게시판 메뉴에서 하단 오른쪽 […] 버튼을 클릭하면 폼즈 앱을 통해 서약 설문을 구성할 수 있다.

그림 1-45 게시판에 폼즈 삽입

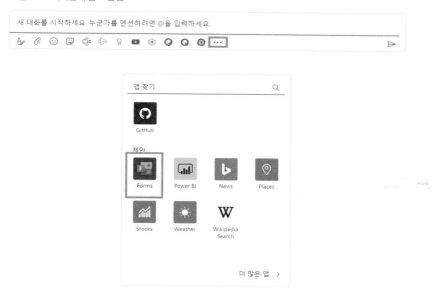

폼즈에서 한 설문 문항에 온라인 서약 문구를 넣고 선택지는 '서약합니다' 와 '서약하지 않습니다'로 구성하여 게시판에 삽입하면 학생들은 온라인 수업 전 서약을 통해 다짐하는 시간을 갖게 된다. 비실시간 온라인 수업에 서약 문구를 삽입하여 집계하면 출석체크 용도로도 활용할 수 있다.

그림 1-46 게시판에 설문 작성

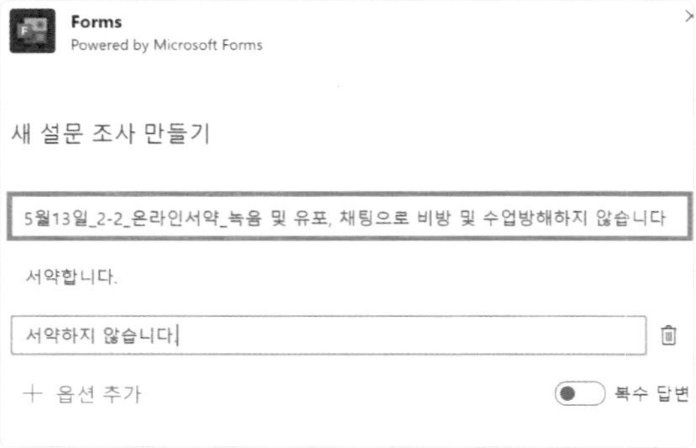

교사는 학생들의 서약 응답 상황을 게시판에서 실시간으로 확인할 수 있다.

그림 1-47 게시판 설문 응답 확인

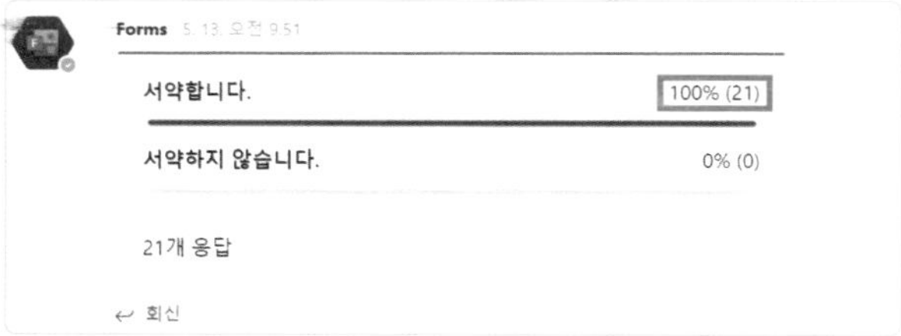

4.1 실습 1: 멘티미터로 온라인 에티켓 키워드 추출하기

멘티미터(Mentimeter) 웹 사이트를 활용하여 온라인 에티켓에 대한 사전 인식 조사를 해본다. 멘티미터는 교사와 학생이 수업시간 중에 설문(평점척도, 단답형, 다지선다형)으로 간단히 상호작용할 수 있는 웹 기반 클리커(Clicker)[3]이다.

---

3   클리커(Clicker): 교사의 질문에 학생들의 응답을 즉각적으로 수집할 수 있는 반응형 기술

멘티미터 웹 사이트에 접속하는 방법을 교사와 학생으로 구분하여 안내하면 다음과 같다.

교사

멘티미터 웹 사이트(www.mentimeter.com)에 접속하여 계정을 만든다. 이때 구글이나 페이스북 계정 또는 이메일을 활용하여 계정을 만들 수 있다. 로그인하여 설문지를 구성한다.

다음 그림은 교사가 사이트에 접속하여 로그인했을 때의 화면이다. [+ New presentation]을 선택한다.

그림 1-48 멘티미터 새 문서 작성(교사)

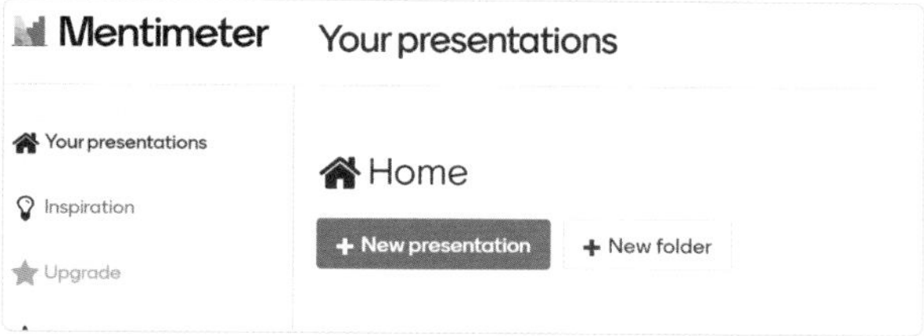

새로운 프레젠테이션의 제목을 정한다.

그림 1-49 멘티미터 새 문서 제목 작성

다음 그림에서 보이는 화면 오른쪽에서 [Type]을 선택한다. 예를 들어, [Word Cloud]를 선택했다고 하자. 두 번째 탭 [Content]에서 문항의 제목

을 '온라인 에티켓 하면 떠오르는 단어는?'이라고 작성한 후, 단어를 3개 쓸
수 있도록 구성한다.

그림 1-50 멘티미터 새 문서 타입과 내용 작성

오른쪽 상단의 [Share] 버튼을 클릭하면 다양한 공유 방법이 나타나고 그중
두 번째인 Digit code로 공유해보자. 이 설문의 Digit code는 '78 40 43'이고
이 코드를 학생들에게 안내한다.

그림 1-51 멘티미터 문서 공유 방법 확인

학생

그림 1-52 멘티미터 학생 응답 접근 화면

Mentimeter
Please enter the code
78 40 43
Submit
The code is found on the screen in front of you

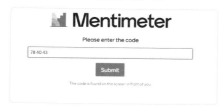

www.menti.com에 접속한다. 회원가입이 필요 없으며 교사에게 받은 Digit code를 입력하여 바로 설문에 참여한다. 다음 그림은 학생들이 접속한 사이트에서 교사가 제공한 Digit code를 넣는 화면이다.

그림 1-53 멘티미터 학생 응답

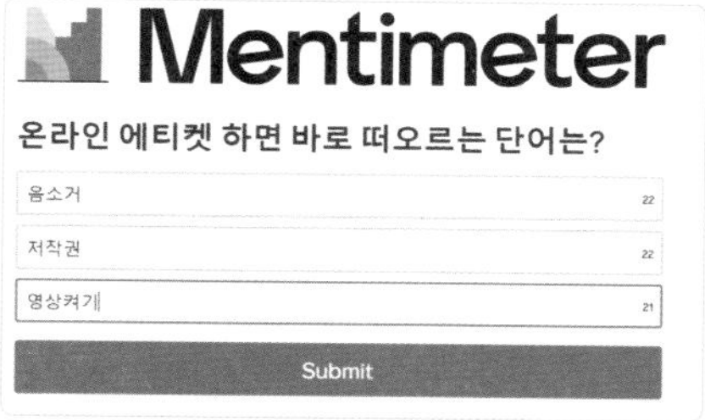
Mentimeter
온라인 에티켓 하면 바로 떠오르는 단어는?
움소거
22
저작권
22
영상켜기
21
Submit

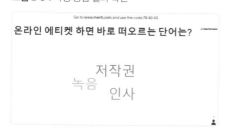

학생들은 교사가 구성한 질문에 3가지 단어로 답한다.

그림 1-54 학생 응답 결과 확인

Go to www.menti.com and use the code 78 40 43
온라인 에티켓 하면 바로 떠오르는 단어는?
저작권
녹음
인사

학생들의 반응을 교사 사이트에서 다음 그림처럼 Word Cloud 형태로 확인할 수 있다.

4.2 실습 2: 스웨이로 온라인 에티켓 신문 만들기

학생들이 o365의 스웨이 앱을 활용하여 모둠 활동으로 온라인 에티켓에 대한 디지털 신문을 협업하여 제작하고 발표하는 시간을 갖도록 한다. 스웨이 사용법이 매우 간단하고 직관적이어서 학생들은 쉽고 빠르게 작성할 수 있다. 학생들에게 다음과 같이 간단한 기능을 안내하도록 한다.

빈 문서로 시작(제공되는 템플릿을 사용하지 않을 경우)

[+] 버튼을 클릭하여 페이지를 추가한 후 모둠원들이 페이지를 나누어 동시에 제작하도록 한다.

그림 1-55 스웨이 새 문서 작성

[+] 버튼을 클릭하면 추가되는 페이지 구성을 정할 수 있다.

그림 1-56 스웨이 새 페이지 추가

제목 페이지에서 중앙 왼쪽에 있는 [세부 정보]를 클릭하면 제목, 배경 구성 (이미지나 동영상 삽입, 텍스트 추가, 글머리, 강조 기능 등)을 수정하거나 로고를 추가할 수 있다.

그림 1-57 스웨이 스토리 라인 제작

제공되는 템플릿으로 문서 시작

스웨이는 다양한 템플릿을 제공하고 있으므로 모둠별로 서로 다르게 템플 릿을 선택하여 더욱 쉽게 웹 프레젠테이션을 완성할 수 있다. 다음 그림은 뉴스레터 템플릿을 선택했을 때의 화면이다. [이 Sway 편집 시작]을 클릭 한다.

그림 1-58 스웨이 뉴스레터 템플릿 사용

제공되는 템플릿을 사용하면 스토리 라인이 미리 구성되어 있기 때문에 더 쉽고 빠르게 완성할 수 있다.

그림 1-59 뉴스레터 템플릿 스토리 라인

4.3 실습 3: 폼즈로 온라인 에티켓 설문 만들기

학생들이 모둠 활동으로 o365의 폼즈 앱을 사용하여 본인의 학교 상황에 맞는 온라인 에티켓 설문지를 구성하고 발표하는 시간을 갖도록 한다.

1. 모둠 구성: 온라인 실시간 모둠 구성은 Chapter 3의 2. 실시간 모둠 수업을 참고하길 바란다. 기본적으로 모둠은 모둠 채널로 구성할 수도 있고 채팅에서 모둠별 채팅방을 개설하여 구성할 수도 있다.

2. 설문 문항 구성을 위한 참고 사이트 안내: '해듀테크'에서 만든 설문지(https://forms.gle/ bvNSHyBiSjkqJsNB9[4])와 앞서 나온 내용을 참고하여 학교 급별 및 학년별 특성에 맞게 재구성해 본다.

3. o365 폼즈 앱에서 온라인 에티켓 설문 문항 만들기: 폼즈 앱 사용에 대한 자세한 안내는 이

후 Chapter 3의 4.3 폼즈로 설문지 함께 만들기 및 Chapter 4 의 4.2 문제 은행 및 4.3 학습 일기, Chapter 6의 2.1 설문 작성을 참고하도록 한다.

4. 모둠별 발표하기

이번 챕터에서는 학습관리시스템(LMS)으로서의 팀즈, 교육용 Office 365의 테넌트 및 기본 앱들에 대해 알아보았다. 학교 현장에서는 온라인 쌍방향 수업 또는 온·오프라인을 병행하는 블렌디드 수업에 적합한 플랫폼을 찾기 위해 고민 중이다. 이때, 팀즈의 'All in one' 특성에 대한 이해가 이러한 고민에 길잡이가 되었으면 한다. 또한 수업 디자인에 앞서 학생들에게 온라인 에티켓 교육이 선행되어야 하는데 이 또한 팀즈 플랫폼의 특성을 활용하여 학생 중심 활동으로 자연스럽게 이루어지도록 안내하였다. 이어지는 챕터에서는 온라인 가상 교실을 넘어 온라인 가상 학교의 관점에서 팀즈를 운영하는 방법을 소개하겠다.

MS 팀즈 수업 디자인

Chapter

12

팀즈로 운영하는
온라인 학교

Chapter 02 **팀즈로 운영하는 온라인 학교**

앞 챕터에서는 학습관리시스템으로서의 팀즈를 이해하고 각 학교에서 팀즈를 운영하기 위한 교사와 학생의 계정 생성 등, 관리자의 첫걸음에 대해 알아보았다. 이번 챕터에서는 계정 생성 이후, 수업을 포함한 다양한 학교 활동에서 팀을 운영하는 방법을 알아보자. 학교 활동을 운영할 때의 준비 단계는 다음 그림과 같다.

그림 2-1 팀즈 계정 생성부터 수업까지의 단계

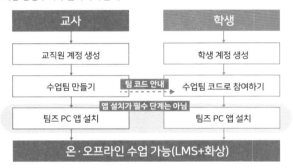

1단계는 Chapter 1에서 안내한 계정 생성 단계다. 2단계는 각 교과 담당 교사가 자신이 운영하는 팀의 코드를 생성한 후, 그 코드를 이용하여 수업팀에 참여하는 것이다. 이 단계를 거치면 교사와 학생은 온·오프라인 협업 수업을 진행할 수 있다. 팀즈를 수업 운영에만 활용하고자 한다면 본 챕터의 5.2절에서 안내하는 팀 생성하기와 참여하기를 참고하자. 3단계의 팀즈 PC 앱 설치는 필수 단계는 아니지만, 팀즈의 기능을 최대한 누릴 수 있도록 권장하는 단계다. 이 단계를 거치지 않으려면 o365 포털에 기본 앱으로 제공되는 웹 기반 팀즈를 사용하면 된다. 그러나 PC 앱에서만 제공되는 기능

이 있으므로 가능한 설치하여 사용하는 것이 좋다. 예를 들어 온라인 화상 수업에서 학생들에게 화면을 공유(미러링)할 때, 교사가 보여주고자 하는 동영상 자료의 소리를 포함하여 공유하는 [시스템 오디오 포함] 기능(**그림 2-2**)은 PC 앱에서만 사용할 수 있다.

그림 2-2 팀즈 PC 앱에서의 [시스템 오디오 포함] 기능

PC에 설치한 앱을 사용할 때 주의할 점이 있다. 개인용이 아닌 공용 PC를 사용하는 학교 환경에서는 로그아웃을 제대로 하지 않으면 다른 학생이 그 계정으로 팀즈를 사용할 수도 있다. 따라서 학교 공용 PC를 사용하는 경우, 사용이 끝났을 때 반드시 로그아웃하도록 안내해야 한다.

이어서, 팀즈를 PC와 모바일 기기에 설치하는 방법과 수업을 포함한 다양한 학교 활동을 운영할 때 팀즈를 활용하는 방법에 대해 자세히 알아보겠다.

1. 팀즈 설치하기

1.1 PC에 설치하기

o365 포털에서 기본 앱으로 제공되는 팀즈는 인터넷 브라우저에서 로그인
하여 사용하는 웹 기반 팀즈 앱이다. o365 포털에 접속하면 다음 그림처럼
여러 앱이 보이고 여기서 'Teams(팀즈)'를 선택하면 된다.

그림 2-3 o365 포털을 통한 웹 기반 팀즈 앱

PC에 별도로 팀즈 앱을 설치하려
면 우선 웹 기반 팀즈 앱을 실행해
야 한다. 웹 기반 팀즈 앱에 접속하
면 [다운로드] 아이콘(🔽)이 화
면 하단에 보인다(이 아이콘은 PC 앱
에서는 보이지 않음). 이 아이콘을 클
릭하면 팀즈의 PC 앱을 자신의 컴
퓨터에 별도로 설치할 수 있고 이
후로는 o365 포털을 통하지 않아
도 바로 이 프로그램을 실행하여
팀즈 활동이 가능하다.

그림 2-4 웹 기반 팀즈 앱 접속 시 다운로드 아이콘

1.2 스마트 기기에 설치하기

스마트 기기에도 팀즈 앱을 설치할 수 있다. 안드로이드의 경우 구글 플레이 스토어(Google Play Store)에서 내려받을 수 있고, iOS의 경우 앱 스토어(App store)에 '팀즈' 또는 'Teams'를 검색하여 내려받을 수 있다.

그림 2-5 스마트 기기에서 팀즈 검색(왼쪽: 구글 플레이, 오른쪽: 앱 스토어)

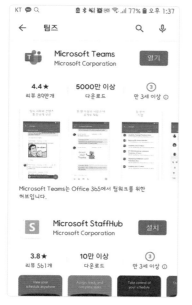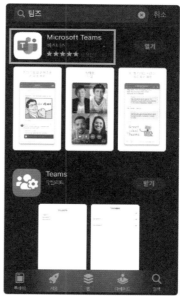

iOS 계열 스마트 기기(아이폰, 아이패드)에서 팀즈 앱에 접속하면 다음 그림의 왼쪽 그림처럼 소속된 팀 리스트가 보인다. 만약, 같은 팀의 교사 또는 구성원이 온라인 쌍방향 화상 수업을 열었다면 오른쪽 그림처럼 상단에 [참가] 버튼이 보인다. 이 버튼을 클릭하면 스마트 기기를 이용해서 화상 수업에 참여할 수 있다.

그림 2-6 iOS 기반 스마트 기기에서 팀즈

기억해 둘 것은 PC 팀즈 앱이나 웹 기반 팀즈 앱에서 화상 수업과 모임을 시작할 수 있는 것과는 달리 스마트 기기 팀즈 앱에서는 이미 진행 중인 화상 수업 혹은 화상 모임에 참여할 수는 있지만 시작할 수는 없다는 점이다.

웹 기반 팀즈 앱이나 PC 앱에서는 우측 상단에 [모임] 버튼이 있어서 이를 클릭하면 화상 수업과 모임을 시작할 수 있다.

그림 2-7 화상 모임 시작 아이콘

반면에 스마트 기기의 팀즈 앱에서는 모임에 참여할 수는 있지만, 다음 그림의 왼쪽처럼 화상 카메라 아이콘이 없어서 모임을 시작할 수는 없다.

그 외 [파일], [수업용 전자 필기장], [과제] 및 별도 추가 탭에는 접근할 수 있다.

그림 **2-8** iOS 기반 스마트 기기의 팀 메뉴

2. 학교 내에서 팀즈 운영하기

팀즈는 단순히 수업 관리 및 온라인 화상 수업 도구를 넘어 세계적으로 기업, 기관 등에서 많이 사용하는 협업 플랫폼이다. 팀즈는 팀 화상 회의, 문서 협업, 채팅, 스케줄 관리, 팀 클라우드 기반 파일 관리 등을 지원한다. 따라서 학교에서도 팀즈를 활용하여 학교 업무 분장 중심의 팀을 구성하여 운영하고, 교과 활동뿐 아니라 동아리 등의 창의적 체험 활동 팀을 구성하고 운영한다면 학교 전체를 온라인으로 운영할 수 있다. 다음 그림은 팀즈로

학교 전체를 운영할 때, 특정 교사가 로그인하면 보이는 '내 팀' 리스트 예이다.

그림 2-9 학교 전체를 팀즈로 운영할 때 팀 구성의 예(교사 입장)

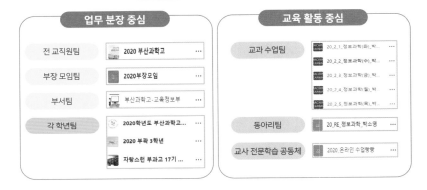

팀즈에 로그인하면 자신이 만든 팀과 소속된 팀의 리스트만 나타난다. 앞의 그림을 보면 이 교사는 교육정보부서 소속의 부장 교사이며 2학년 정보과학 교과 담당, RE 동아리 담당, '온라인 수업빵빵'이라는 교사 연구 동아리에 소속되어 있음을 알 수 있다.

이어서 다음 그림은 팀즈로 학교 전체를 운영할 때, 고등학교 2학년 특정 학생이 로그인하면 보이는 '내 팀' 리스트의 예이다. 이 학생의 경우 정규 교과 수업팀과 오케스트라, 밴드 등의 동아리팀, 그리고 대회 준비를 위해 구성한 팀, 학년/반팀에 소속되어 있음을 알 수 있다.

그림 2-10 학교 전체를 팀즈로 운영할 때 팀 구성의 예(학생 입장)

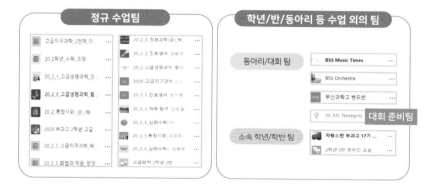

이제 운영 사례를 중심으로 팀즈를 더욱 깊게 알아보자.

2.1 업무 중심팀 운영

업무 중심의 팀 구성을 예로 들면 다음과 같다. 전 교사가 소속된 학교팀, 학년별로 구분된 학년팀, 업무 분장의 부서별로 구성된 부서팀, 그리고 별도의 학교 조직(예를 들어 각종 위원회, 부장 교사 모임 등)팀 등이다.

코로나 19와 같은 위기 상황에서 학교 전체 혹은 일부 학년의 수업이 온라인 수업으로 대체될 경우, 먼저 학교팀, 학년팀, 부서팀을 생성하여 운영하는 것이 신속한 업무 진행과 수업 운영에 큰 도움이 된다(팀 생성 및 참여와 코드 생성은 **그림 2-61**과 **그림 2-63**을 참고). 온라인 수업에서는 교사들이 수시로 협업하고 필요할 때 화상 회의도 할 수 있는 플랫폼이 필요한데, 팀즈를 활용하면 충분하다. 즉, 전 교직원이 소속된 팀을 가장 먼저 생성한다면 언제든지 협업과 공유, 화상 회의를 할 수 있는 것이다.

교과 수업팀을 생성하기에 앞서, 업무 협업 및 학년 초 업무 추진 사례를 살펴보자.

사례 1: 전 교과 수업팀 코드 취합 작성 및 공유

교과 담당 교사들이 '교과목_학반'의 팀을 구성하고 팀 코드를 생성한다. 팀 코드들을 취합하여 학생들에게 일괄적으로 안내하면 편리하다. 이때, 교직원팀의 팀즈 게시판에 취합하는 엑셀 시트(공유 문서)를 만들어 게시하여 하나의 시트에 교사들이 함께 접속하여 각 교과팀 코드를 입력하도록 한다.

다음 그림은 엑셀 시트를 게시판에 첨부하여 여러 교과 교사가 생성한 수업팀 코드를 하나의 문서에 작성할 수 있도록 공유한 것이다.

그림 2-11 게시글: 팀 코드 작성 안내

공유된 엑셀 문서를 작성한 후, 완성된 문서를 학생들이 소속된 학년별팀에 공지하여 학생들이 수업팀에 참여할 수 있도록 안내한다.

그림 2-12 게시글: 팀 코드 학년별 공지 안내

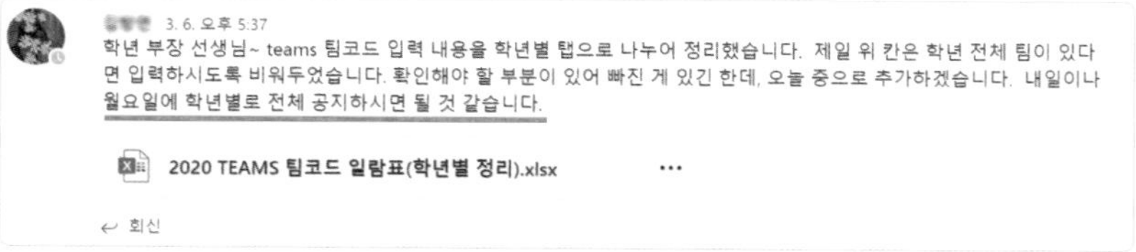

첨부된 엑셀 문서는 다음 그림과 같다. 처음 게시할 당시엔 그림에 표시된 박스 부분을 비워두어 교사들이 자신의 수업팀 코드를 직접 입력할 수 있게 하였다.

그림 **2-13** 협업 문서: 각 수업팀 코드 작성

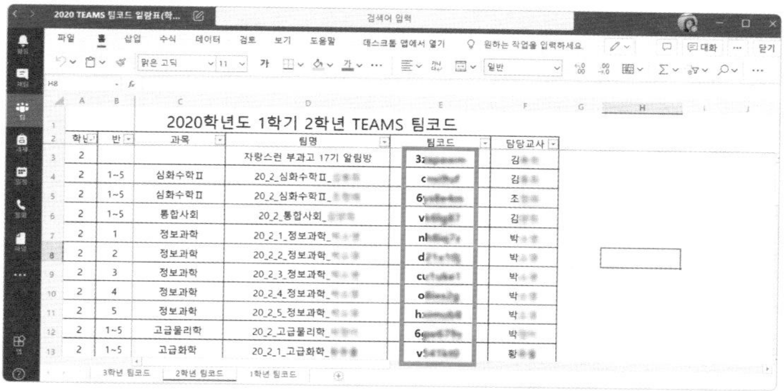

이 파일이 학년팀에 공지되면 학년팀에 소속된 학생들은 모두 볼 수 있으므로 팀즈 내 교과 수업팀 참여가 신속하게 이루어진다. 즉, 팀즈를 기반으로 전체 학년의 모든 교과를 온라인 실시간 쌍방향 수업할 준비가 된 것이다.

사례 2: 학년 초 각종 계획 업무 진행

모든 것이 새롭게 시작하는 학년 초에는 교내 각종 행사 및 주요 이벤트의 일정을 짜는 것이 매우 중요하다. 팀즈를 활용하면 여러 교사가 함께 협업하여 일정 문서를 작성할 수 있으므로 매우 효과적이다.

각종 상을 시상하는 시상 계획은 학년 초에 수립하여 학교 교육계획서에 포함되는 대표적인 계획이다. 다음 그림은 시상 계획 담당 교사가 교내 시상 계획 수립을 위해 엑셀 양식 문서를 공유하여 각 부서의 시상 계획을 하나의 문서로 협업하고자 공지하고 있다.

그림 2-14 게시글: 학년 초 시상 계획 수립

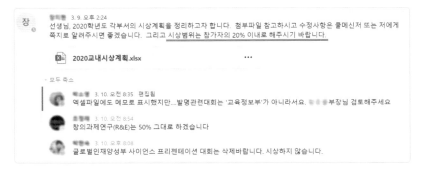

이어서, 다음 그림은 온라인 수업 일정 조정을 위해 엑셀 시간표를 공유하고 각자 수정하도록 게시한 글이다.

그림 2-15 게시글: 온라인 수업 일정 수립

다음은 1학기 초 교과 진도 운영 계획을 팀즈의 파일 메뉴 [교과진도운영계획]이라는 폴더에 업로드해달라는 공지와 팀즈 파일 업로드 현황이다.

그림 2-16 게시글: 학년 초 교과 진도 운영 계획 업로드 공지

그림 2-17 교과 진도 운영 계획 업로드 현황

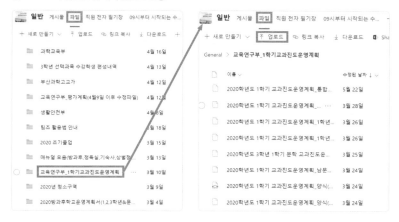

사례 3: 업무 관련 화상 회의 및 학년팀 운영

팀즈에서 부장 교사 모임팀을 생성한 후, 부서별 부장 교사가 팀에 참여하면 필요 시 바로 온라인 비대면 화상 회의를 진행할 수 있다. 다음 그림은 팀즈 기반 온라인 부장 모임 후 게시물에 로그(이력)로 남은 것이다. 모임 시작, 화상 채팅 기능으로 논의한 내용을 정리한 내역과 모임 참여 인원 및 참여자, 모임 종료 등의 로그를 확인할 수 있다.

그림 2-18 부장 모임팀의 화상 회의 로그

각 학년팀을 생성하고 해당 학년 학생들, 담임 교사들, 전 교사가 참여하면
학년별로 협업해야 할 문서 작업이나 공지사항을 알릴 수 있다. 필요하다
면 다음 그림처럼 학부모가 학생 계정으로 참여하여 온라인 학부모 총회까
지 화상 모임으로 진행할 수 있다.

그림 2-19 학년팀의 학부모 총회 화상 모임 로그

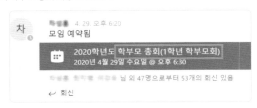

3학년팀은 입시와 관련한 정보와 자료를 공유하는 별도의 채널을 만들어
운영하기도 한다. 다음 그림은 학년팀 내에 '진학자료 및 일정' 채널을 생성
한 모습이다. 해당 채널에 진학 관련 자료를 따로 게시하고 파일을 공유할
수 있도록 한다. 다시 말해, 영역별 채널을 운영하면 주제별 데이터베이스
가 자연스럽게 구축되어, 다른 주제의 다양한 자료가 서로 섞이지 않고 원
하는 자료를 찾으려면 해당 채널을 방문하여 확인하면 된다.

그림 2-20 3학년팀의 진학 관련 채널 운영

협업 문서는 게시물이나 파일 메뉴에서 공유하여 함께 작업하면 되지만, 학생별로 별도 문서를 작성해서 제한 기간 내 제출해야 할 경우엔 [과제] 메뉴를 활용하여 제출하도록 하기도 한다. 예를 들면, 학년 초에 취합해야 하는 각종 동의서 등이 있다. 다음 그림은 3학년팀에 [과제]로 할당된 현황과 제출 현황을 보여주고 있다.

그림 2-21 학년팀의 학생 제출 서류 취합([과제] 메뉴 활용)

2.2 교과 수업팀 운영

초등학교의 경우 담임교사가 대부분의 교과목을 지도하므로 학급이 곧 교과수업의 장소가 된다. 따라서 학급팀이 곧 교과수업팀이다. 반면, 중등의 경우 한 학급에서 진행되는 교과마다 교사가 다르다. 때로는 한 과목에 여러 교사가 배정되어 가르치기도 한다(예: 1학년 1반에 수학 교과목 담당 교사가 2명). 따라서 팀 구성은 '교과_학반'의 형태로(예: 1학년 1반의 국어 교과목이 한 팀) 구성하는 것을 권장한다. '교과_전체학반'으로 한 팀을 구성할 경우(예: 1학년 국어 교과목 전체가 한 팀) 반별 과제 할당 및 성적 조회 등의 LMS 기능을 충분히 활용할 수 없다. 반별 수업시간이 달라 진도상황 뿐 아니라 과제 수행(수업과정평가로서의 과제수행임) 마감 시간도 다르므로 불편하다.

이어서 수업팀을 운영하는 몇 가지 팁을 안내한다. 구체적인 활용법은 각 사례와 함께 안내하는 이 책의 다른 챕터에서 찾아볼 수 있다.

사례 1: 수업 시작 전에 수업 안내 상세 게시

다음 그림은 수업을 시작하기 전에 수업을 안내하는 게시물의 예이다. 온·오프라인 수업 전에 학생들이 수업 흐름을 이해할 수 있도록 상세히 안내하고 있다. [파일] 메뉴에서 다운로드해야 할 수업 관련 자료 파일을 안내하고, 퀴즈 해결 후에 각자 전자 필기장에 정리할 내용 등이 담겨 있다. 게시물 활용 방법은 Chapter 4의 1.3 수업 안내: [게시물]을 참고하길 바란다.

그림 2-22 수업팀 게시물: 수업 안내

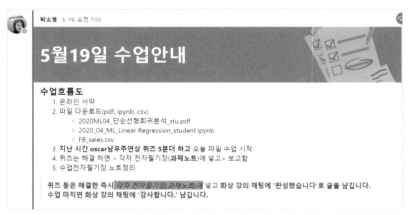

사례 2: 온라인 수업 진행과 동시에 녹음/녹화하기

교사가 녹음 기능을 활용하여 수업과 동시에 녹음 혹은 녹화를 하면 모임 종료 후, 로그에 녹음 및 녹화된 동영상 파일이 표시된다. 다음 그림은 온라인 쌍방향 실시간 수업 로그이다. 교사가 보기 권한을 없애기 전까지 학생들은 수업시간에 놓쳤던 부분을 동영상으로 다시 복습할 수 있다.

그림 2-23 수업팀의 온라인 쌍방향 수업 로그

사례 3: 학생과 1:1 문제 해결 및 피드백

오프라인 수업에서는 궁금한 점이 있거나 잘 해결되지 않는 문제가 생겨도, 학생 성향에 따라 쉽게 질문하거나 도움을 청하지 못하는 경우가 있다. 팀즈의 [채팅] 메뉴를 활용하면 다른 학생들에게는 비공개로, 교사에게 일대일 질의를 할 수 있어 소극적인 학생들도 적극적으로 질의할 수 있다. 다음 그림은 [채팅] 메뉴로 학생과 교사가 질의·응답하는 사례이다.

그림 2-24 수업팀 [채팅] 메뉴에서 1:1 맞춤형 피드백

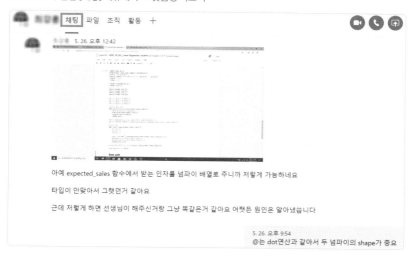

퀴즈를 통해 교사와 학생이 상호작용할 수도 있다. 다음 그림은 교사가 퀴즈를 제시하고 학생이 해결한 모습이다. 보이는 결과물은 [수업용 전자 필기장]의 과제 노트에 첨부된 학생의 답이며, 이를 교사가 검토하여 피드백 (good ^^)을 남긴 사례다.

그림 2-25 수업팀 [수업용 전자 필기장] 개별 과제 피드백

사례 4: 모둠 활동

모둠 활동의 한 방법으로 모둠장이 모둠별 채팅방을 개설하고(다음 그림의 왼쪽 하단) 모둠원뿐 아니라 교사까지 초대한다. 다음 그림처럼 각 모둠은 채팅과 화상 회의로 모둠 활동을 진행하고 교사는 모둠별 화상 모임을 돌아다니며 모둠 활동 상황을 체크하고 조력한다. 다음 그림에서 보이듯, 교사는 모든 모둠의 화상 모임, 채팅방을 확인할 수 있으므로 원하는 모둠으로 즉시 이동할 수 있다.

그림 2-26 모둠별 채팅 구성 및 활동

모둠별 화상 모임 활동 중일 때, 교사가 특정 모둠에 가서 화상 모임에 참여하면 다음 그림과 같이 진행 중인 토의 과정을 볼 수 있다. 자세한 모둠 활동 방법은 Chapter 3의 2. 실시간 모둠 수업을 참고하길 바란다.

그림 2-27 모둠별 화상 회의 참여

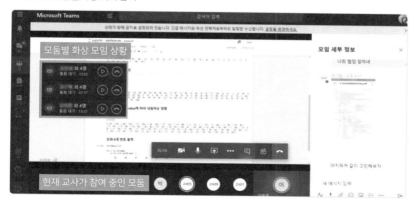

사례 5: 과정 평가

과정 평가 혹은 수행평가는 과제물 평가(방과 후 완성하는 숙제) 형태가 아닌, 수업 중 직접 관찰하고 평가할 수 있도록 계획해야 한다. 온·오프라인 수업에서 수업 중 완성하여 제출하는 과정 평가로 과제를 만들어 할당한다. 학생들은 제한 시간 내(수업시간 내) 제출하도록 하고 교사는 제출된 과제를 검토하여 피드백하고 점수를 부여한다. 다음 그림은 과정 평가로 과제를 제출한 후 교사가 채점을 완료한 화면의 예시이다.

그림 2-28 과제 채점 및 피드백

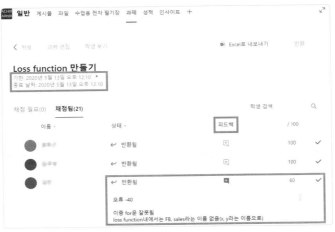

과정 평가를 채점하고 피드백을 완료했을 때의 [성적] 메뉴를 확인하면 다음 그림처럼 한눈에 여러 과정 평가의 결과를 볼 수 있다. 오른쪽 상단의 [Excel로 내보내기]를 클릭하면 점수뿐 아니라 각 평가에 학생에게 피드백으로 남겼던 메시지도 함께 csv 파일로 다운로드되므로 엑셀 프로그램에서 이 파일을 불러와서 수행평가 점수로 반영할 수 있다.

그림 2-29 성적 확인 및 집계

과정 평가로 과제나 퀴즈 외에 학생의 수업 참여도를 반영하고자 할 경우 디지털 활동 로그 집계를 활용하면 된다. 이는 팀즈에 추가할 수 있는 'Insight(인사이트)' 앱으로 가능하다. [게시물], [파일], [수업용 전자 필기장], [과제], [성적]의 기본 메뉴가 아니므로, [+]를 클릭하여 [인사이트] 메뉴를 따로 추가하여 사용할 수 있다. [인사이트] 메뉴는 팀즈에서의 학생 디지털 활동을 시간대별 수치로 집계한 것을 보여준다.

그림 2-30 디지털 활동 로그(인사이트)

2.3 동아리팀 운영

팀즈로 동아리팀을 구성하여 활동하려면 우선 각 동아리 담당 교사가 팀을 만들어 팀 코드를 생성해야 한다. 팀 코드를 생성한 후, 동아리팀의 팀 코드를 기록하는 엑셀 양식을 공유하여 동아리 담당 교사들이 하나의 엑셀 문서에 입력한 후 전체 학생에게 안내한다. 다음 그림은 동아리 담당 교사가 문화예술 동아리팀 구성 및 학생에게 안내할 사항을 작성한 게시물이다.

그림 2-31 동아리 팀 구성 및 팀 코드 작성 안내

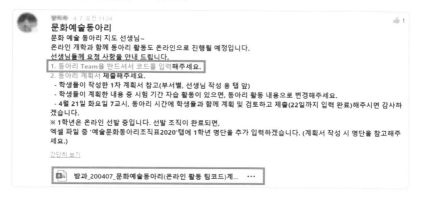

가끔, 동아리 활동을 위해 외부 전문가의 의견이 필요할 수도 있다. 이럴 경우엔 외부 전문가를 구성원(팀원)이 아니라 게스트로 팀즈에 초대하여 문서를 공유한다. 추가된 게스트 구성원들은 다음 그림처럼 '게스트'로 표시된다.

그림 2-32 게스트 추가

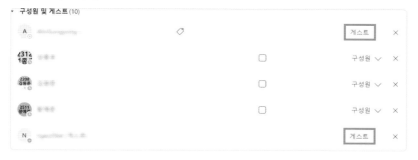

동아리 활동은 학생 주도 활동이므로 주제별로 모둠을 구성하여 모둠별 [팀활동일지]를 작성하도록 한다. 이는 팀 안에 비공개 채널을 추가한 후 [＋]로 [위키] 탭을 추가하여 탭 이름을 [팀활동일지]로 변경하여 활용한 것이다. 채널 추가 운영은 Chapter 3의 2.2 모둠 토의 공간: [채널] 활용하기 절

을 참고하길 바란다.

그림 2-33 모둠별 활동 일지 작성

3. 학교 간 팀즈 운영하기

3.1 공동교육과정 운영

고등학교 간 공동교육과정은 학생의 진로에 맞게 과목 선택권을 보장하기 위하여 단위학교 내 개설이 불가능한 과목을 인근 학교와 상호 협력을 통해 개설하여 운영하는 수업 형태이다. 학생의 과목 선택권을 강화하여 학생 중심 진로 맞춤형 교육과정을 실현하는 것을 목표로 한다. 학생 참여 중심의 다양한 학습 경험을 제공하는 것이 중요하므로 등급 산출은 하지 않고 교과목에 따라 성취도 또는 이수/미이수의 산출만 한다. 공동교육과정의 출결 및 성적 산출 등은 교육정보시스템(NICE, 나이스)으로 이루어진다. 실제 수업은 방과 후 인근 개설 학교에 가서 참여하기도 하지만, 대부분 온라인 수업 형태로 이루어진다.

공동교육과정의 온라인 수업에 팀즈를 활용하면 화상 수업과 LMS 기능을 최대한 활용할 수 있어서 학생들의 과정 평가뿐 아니라, 관찰하고 평가하는 내용 중심의 교과 세부능력 및 특기사항 기재에도 용이하다.

개설 학교 수업 담당 교사가 팀즈에서 수업팀을 개설하고 학생들을 참여시키면 된다. 이때, 우선 교사가 o365 교직원 계정을 가지고 있어야 하고 참여하는 학생들도 학생 계정을 발급받아야 한다(Chapter 1의 2.2 계정 생성 참고).

수강 학생들의 학교가 다양할 경우, o365의 학교 테넌트를 사용하는 학교가 있을 수 있다. 이때 학생은 이미 학교 도메인으로 구성된 o365 계정을 가지고 있지만, 학교 테넌트 구성원은 학교 안에서만 검색되므로 타 학교 테넌트의 팀 구성원이 될 수 없다. 그러므로 수업을 개설하는 교직원과 참여하는 모든 학생이 교육청 테넌트의 계정을 발급받아야만, 팀즈에서 팀을 개설하고 수업을 운영할 수 있다. 시도교육청은 Microsoft o365 인증키를 일 년 라이선스 계약으로 발급받아 소속 학교에 '교사용'과 '학생용'으로 안내하고 있으므로 이 인증키를 이용하여 교사와 학생 각자가 o365 포털에서 교육청 테넌트 계정을 생성하도록 한다.

다른 방법으로는 개설 학교가 학교 테넌트를 사용할 경우, 수강 학생들에게 본교의 인증키를 안내하여 해당 학교 소속으로 학생 계정을 발급받는 방법도 있다.

다음 그림은 수업을 담당하는 교사의 학교가 학교 테넌트로 o365를 사용
중일 때 관리자 아이디를 가진 교사에게 일괄 파일 양식을 작성하여 업로
드를 부탁한 후, 수업에 참여하는 학생과 교사의 o365 계정을 일괄 생성한
상황을 나타낸다. 계정 발급 과정을 안내하고, 각자 계정 생성하는 것을 권
장하지만 학교 테넌트에서 관리자 계정을 안내받았다면 그림처럼 일괄 생
성할 수도 있다.

그림 2-34 관리자 앱에서 사용자 일괄 생성

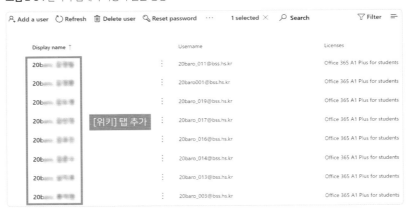

'바로수업'이라는 명칭의 공동교육과정 수업팀의 수업팀을 예로 들어보자.
다음 그림은 멤버 구성을 보여준다. [소유자]는 협업하여 티칭하는 학교 테
넌트 소속 교사와 타 학교 소속 교사이고 [구성원 및 게스트]는 서로 다른
학교 소속의 수강 학생들이다.

그림 2-35 공동교육과정의 수업팀 멤버

이 수업은 파이썬 코딩이 필요한 정보과학이므로 학생들은 코드 에디터 프로그램이 필요하다. 이 프로그램을 각자 별도로 설치하지 않고 동일한 환경의 웹에서 코딩할 수 있도록 코딩 사이트 앱을 팀즈의 메뉴 탭에 추가했다(탭 추가는 Chapter 5 참고). **그림 2-36**은 웹 코딩 사이트(https://repl.it/~)가 메뉴에 추가되어 클릭한 화면이다. **그림 2-37**은 다른 웹 코딩 사이트(https://jupyter.org/try)가 추가된 모습이다.

그림 2-36 웹 코딩 탭 추가 1

그림 2-37 웹 코딩 탭 추가 2

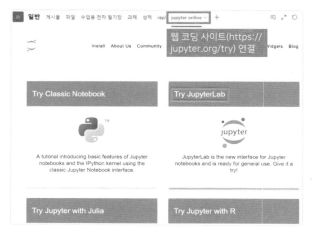

학생들은 코딩 프로그램을 각자의 PC에 별도 설치할 필요 없이 팀즈의 탭 메뉴를 통해 바로 웹상에서 코딩하고 수업에 참여할 수 있다.

3.2 교사 전문학습 공동체 운영

시도교육청 o365 테넌트는 해당 시도교육청 소속의 교사와 학생이라면 누구라도 사용할 수 있도록 연간 라이선스 계약이 되어있으므로 팀즈에서 교사 단위로 계정을 생성하여 교사 간 동호회나 전문학습 공동체(연구회)팀을 만들어 활용할 수 있다. 교육청 테넌트이므로 소속 학교가 o365의 팀즈를 온라인 수업 플랫폼으로 사용하지 않았더라도, 각자 계정만 생성하면 어떠한 팀에서도 같은 교육청 내의 구성원을 검색하여 추가할 수 있다.

다음 그림은 같은 학교 내 연구회는 물론, 다른 학교 소속의 교사들과 함께 하는 동호회와 연구회를 팀으로 개설하고 활용하는 사례이다.

그림 2-38 교사 동호회 및 전문학습 공동체팀 리스트 예

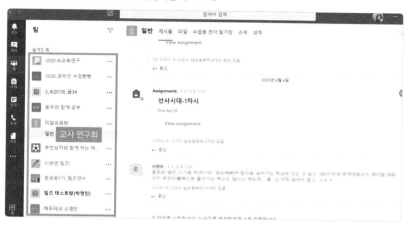

다양한 학교 소속의 교사들이 구성원으로 있는 동호회나 공동체의 경우, 모두가 시간 맞춰 오프라인 협의회에 참석하기 어려운 경우가 많다. 팀즈를 활용하면 각자의 위치에서 온라인 화상 회의에 참여하여 협의회를 할 수도 있고 활동과 관련한 이력과 파일들이 포트폴리오처럼 누적되어 관리할 수 있어 유용하다.

4. 관리자 모드 알아보기

관리 앱을 실행할 수 있는 관리자 모드는 학교 테넌트 사용 시 시도교육청에서 학교관리자 아이디를 발급받은 경우에 사용할 수 있다. 관리 앱을 사용할 때엔 신중해야 한다. 관리자 계정으로 로그인(다음 그림의 왼쪽)하면 오른쪽 그림처럼 [Admin](또는 [관리])이라는 관리 앱이 나타난다.

그림 2-39 관리자 계정 로그인과 [Admin]

학교 테넌트를 사용하고 관리자 아이디를 발급받은 관리자 입장이라 가정한 뒤, 주요 문제를 해결하는 것을 중심으로 설명하겠다.

4.1 사용자 관리

사용자 관리란 새로운 사용자를 등록하고 삭제하거나, 사용자의 암호를 설정하고 역할을 변경하는 등을 말한다. 사례별로 살펴보자.

사례 1: 교직원 또는 학생 계정을 일괄 생성하고 싶어요

학교 테넌트의 관리자 계정 소유자는 교직원 또는 학생 계정 생성 정보를 일괄 파일(.csv)로 작성하여 한 번에 생성할 수 있다. 자세한 방법은 Chapter 1의 2.2 계정 생성을 참고하도록 한다.

사례 2: 비밀번호를 잊어버렸어요

학생이 본인 또는 학부모의 스마트폰 인증을 통해 계정을 생성했다면 비밀번호를 잊었을 때 o365 포털에서 [계정 정보 확인] 메뉴를 통해 새로운 비밀번호로 변경할 수 있다. 이때 이전 비밀번호를 몰라도 바로 변경할 수 있다(Chapter 1의 2.3 계정 정보 변경 참고).

하지만 관리자 계정 소유자가 일괄 파일로 여러 학생의 계정을 일괄 생성했고, 일괄 파일 작성 시 'Mobile' 필드에 교사의 스마트폰 번호를 동일하게 입력하여 생성했다면 o365 포털의 [계정 정보 확인] 메뉴를 통해서 본인이 직접 비밀번호를 변경하는 것이 불가능하다. 계정을 사용하는 본인이 인증할 수 있는 스마트폰 번호가 아니기 때문이다. 이럴 경우에는 다음 그림처럼 관리 계정 소유자가 Admin 앱에서 [Users]를 선택한 후 [Active users]에서 열쇠 모양을 클릭한다.

그림 2-40 [Admin] 앱에서 암호 설정

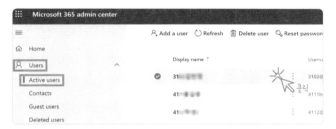

열쇠 모양을 클릭하면 'Reset Password' 창이 열리는데, 자동 암호 생성([Auto-generate password])을 선택한다. 선택 후에는 사용자가 처음 로그인할 때 본인이 새로운 암호로 수정([Require this user to change their password when they first sign in])하거나 사용자가 원하는 암호로 바로 변경([Let me create the password])할 수 있다.

그림 2-41 [Admin] 앱에서 암호 설정 방법

사례 3: 사용자를 삭제하고 싶어요

학교 테넌트에서 학생 계정을 생성할 때 아이디 규칙을 정해두면 편리하다. 예를 들어, 아이디를 '입학년도+학번+성명'의 양식으로 정했다면 아이디만으로도 학생의 입학년도를 확인할 수 있다. 사용자가 계속 늘어날 경우엔 오래된 입학년도 계정부터 삭제하면 된다.

또는 공동교육과정 운영 등을 위해 한 학기 또는 일 년 정도로 임시 생성한 계정이라면 수업 완료 후에 여러 사용자 계정을 삭제해야 할 때도 있다. 이럴 경우에는 다음 그림처럼 관리 계정 소유자가 Admin 앱에서 [Users]를 선택한 후, [Active users]를 클릭하고 […] → [Delete a user]를 클릭한다.

그림 2-42 [Admin] 앱에서의 사용자 삭제 메뉴

'Delete user'라는 팝업 창이 나타나면, 삭제하려는 사용자를 체크하여 삭제하면 된다.

그림 2-43 [Admin] 앱에서 여러 사용자 삭제

여러 명의 사용자를 한꺼번에 삭제하는 경우는 앞 그림처럼 하면 되지만, 한 명을 삭제하는 경우는 다음 그림처럼 사용자 표시 이름 옆의 추가 메뉴 아이콘(⋮)을 클릭하여 바로 삭제한다.

그림 2-44 사용자 한 명씩 삭제

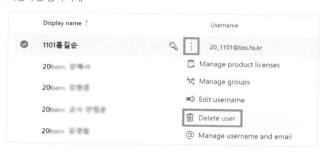

사례 4: 특정 교사에게 관리 앱에 접근할 권한을 주고 싶어요

관리자 계정으로 [Admin]이라는 관리 앱에 접근할 수 있지만, 추가 설정을 하면 특정 교사가 Admin 앱에 접근할 수 있다. 관리 권한을 줄 교사를 선택한 후 화면 상단의 […] 아이콘 클릭 후 [Manage roles]를 클릭한다.

그림 2-45 [Admin] 앱에서의 사용자 역할 관리

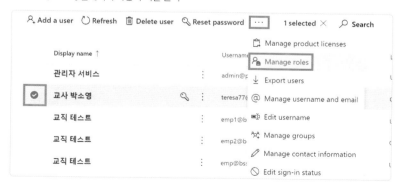

'Manage roles'라는 팝업 창이 뜨면 [Admin center access]를 클릭하고 부여할 권한을 한 개 이상 체크한다. [Exchange admin]은 관리 앱의 전체 권한을 부여하는 것이므로 주의하도록 한다. 오른쪽과 같이 [User admin] 권한만 부여하면 일부 권한(사용자 추가, 삭제, 패스워드 관리)만 갖게 된다.

그림 2-46 [Admin] 앱에서의 사용자 관리 권한 설정

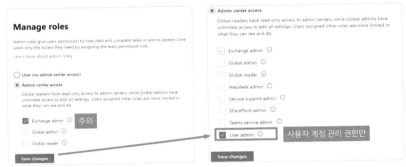

이제 'User admin' 역할을 부여받은 특정 교사의 학교 테넌트 개인 계정으로 로그인해보자. 로그인하면 기본 앱에 새롭게 [Admin] 앱이 나타나는 것을 확인할 수 있다.

그림 2-47 관리 권한 부여 확인

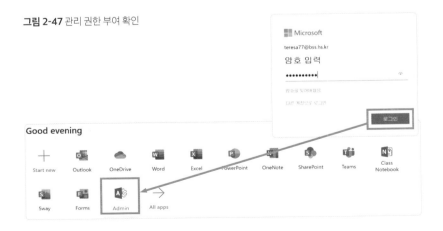

Admin 앱을 클릭하면 권한을 부여받은 사용자 관리만 사용할 수 있다. 다른 권한에 접근할 수는 있지만, 사용할 수는 없다.

그림 2-48 부여받은 관리 권한 범위 확인

4.2 팀즈 관리

관리자가 팀즈를 관리하기 위해서는 학교 테넌트의 관리자 계정으로 로그인하여 Admin 앱을 클릭한 후 [Admin centers] → [Teams]를 순서대로 클릭한다. [사용자 검색], [활동 로그], [Teams 사용자 활동] 등을 확인할 수 있다.

그림 2-49 팀즈 관리 보드

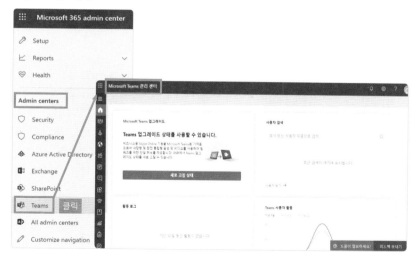

사례 1: 팀을 삭제하고 싶어요

팀 소유자는 팀을 삭제할 수 있는데, 팀즈의 [팀 관리] → [팀 삭제] 메뉴에서 바로 삭제하면 된다. 관리자가 오래된 팀을 삭제하고 정리하고자 한다면 관리자 계정으로 로그인하여 관리 앱에서 할 수 있다. [Groups] → [Groups]를 순서대로 클릭하여 삭제하려는 팀(그룹)을 선택한 후, 화면 상단의 [⋯] → [Delete group]을 클릭한다.

그림 2-50 팀 삭제

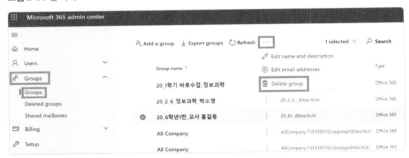

팀 삭제를 확인하는 창이 뜨고, [Delete group] 버튼을 클릭하면 팀을 삭제할 수 있다.

그림 2-51 팀 삭제 확인

사례 2: 실수로 소속된 팀을 삭제했어요

팀의 소유자는 팀을 삭제할 수 있다. 다음 그림의 오른쪽과 같이 […]를 클릭하면 [팀 삭제] 메뉴가 보인다(참고: 팀의 구성원이나 게스트인 경우에는 왼쪽 그림과 같이 삭제 메뉴가 없음).

그림 2-52 팀 삭제 권한

팀즈의 팀 삭제 및 삭제된 팀의 복원은 Admin Center의 [Groups]에서 해야 한다. 소유자가 실수로 팀을 삭제했을 경우에는 [Groups]를 클릭한 후 [Deleted groups]에 접속하여 복구해야 한다.

그림 2-53 삭제된 팀 복원 메뉴

[Deleted Groups]에 접속하면 삭제된 팀이 조회되며 복원을 원하면 그룹명을 선택한 후 [Restore group]을 클릭한다. 복원되면 [Users] → [Groups]에서 조회되는 것을 확인할 수 있다.

사례 3: 학생이 채팅 메시지를 삭제하지 못하게 하고 싶어요

팀즈의 기본적인 메시징(채팅 메시지) 정책은 [Admin centers] → [Teams] → [메시징 정책]에서 할 수 있다. 기본 정책은 학생의 경우 EduStudent로, 교사인 경우는 EduFaculty로 되어 있으며 이들은 '전체 부분(조직 전체 기본값)'을 그대로 반영한 메시징 정책이다. 만약 본인이 작성한 채팅 글을 학생들이 함부로 삭제하지 못 하게 하려면 이러한 메시징 정책이 반영된 새로운 정책을 [+ 추가]로 만들어야 한다.

그림 2-54 메시징 정책 추가

새로운 메시징 정책 이름을 '채팅기능제한'이라 하고 여러 정책 슬라이드를 해제해보자. 다음 그림과 같이 팀에서의 [채팅] 메시징 정책을 설정할 수 있다. 이 그림은 각 메시징 정책의 해제와 설정이 채팅창에서의 메시지 팝

업 창과 메시지 아이콘 기능들과 어떻게 연결되는지를 보여준다. 해제 시 엔 채팅창에서 관련된 기능을 사용하지 못한다.

그림 2-55 메시징 정책 세부 설정

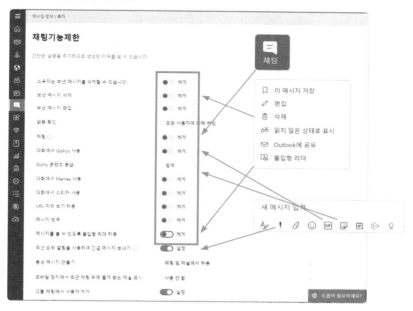

새로운 메시징 정책인 '채팅기능제한'을 선택한 후 [사용자 관리]로 이 정 책을 적용할 학생을 검색하여 적용한다.

그림 2-56 메시징 정책 사용자 적용

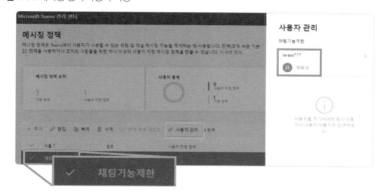

적용된 학생은 팀즈에서 [채팅] 기능에 메시지 삭제 및 편집, Giphy와 스티커 사용, 몰입형 리더 등의 기능을 사용할 수 없다. 다만, 시도교육청의 정책에 따라 단위학교의 관리 앱에서 이러한 기능을 설정해도 적용되지 않도록 제한했을 경우 메시지 정책을 추가할 수는 있으나 반영되지는 않는다.

5. 팀즈 메뉴와 교실(Team) 생성하기

팀즈가 구성되면 교사와 학생은 다음 그림과 유사한 형태의 팀즈 화면을 보게 된다. 교사는 자신이 담임을 맡은 학급, 교과 수업을 맡은 강의실, 동아리 등과 학사 행정업무를 위한 전 교직원의 교무실팀과 학년별로 모여 있는 학년팀을 볼 수 있다. 학생들은 자신이 수강하는 모든 과목의 팀을 한눈에 확인할 수 있다. **그림 2-58**과 **그림 2-59**는 각각 교사와 학생이 보는 팀즈 화면의 예이다.

그림 2-57 팀즈 화면

그림 2-58 교사가 보는 팀즈 화면

그림 2-59 학생이 보는 팀즈 화면

5.1 **팀즈 메뉴 살펴보기**

팀즈에 로그인했을 때 보이는 화면은 다음 그림과 같다. 다음 그림을 기준으로 팀즈 메뉴를 설명하겠다.

그림 2-60 팀즈 메뉴

그림 2-60에 보이는 팀즈 메뉴는 본인이 소유자인 팀이건, 단지 구성원인 팀이건 관계없이 속한 모든 팀에 해당하는 메뉴다. 예를 들어, [채팅]을 하면 특정 팀에 속한 구성원이 아닌 모든 팀의 구성원 중 누구와도 대화할 수 있고, [과제]를 선택하면 모든 팀에서 주어진 과제를 보거나(학생 입장), 내가 소유한 모든 팀에 과제를 보낼 수 있다(교사 입장).

메뉴는 위에서부터 차례로 [활동], [채팅], [팀], [과제], [일정], [통화], [파일] 그리고 [앱 추가]이다.

- **활동**: 팀즈의 모든 활동에 대한 알림을 받는 곳이다.
- **채팅**: 일대일 혹은 그 이상의 구성원들과 대화를 하는 곳이다. 문자 대화 외에 영상 및 음성 통화, 화상 모임도 가능하다.

- **팀**: 자신이 속한 모든 팀을 확인하고 팀에 입장할 수 있다.

- **과제**: 과제를 누르면 자신의 팀 리스트가 보인다. 팀을 선택한 후 과제를 선택할 수 있다.

- **일정**: 달력 형태인데, 화상 모임을 예약할 수 있고 자신이 속한 팀들의 모임 예약 현황을 한눈에 파악할 수 있다.

- **통화**: 팀 구성원들과의 음성 및 영상 통화를 관리할 수 있다. 음성 및 영상 통화, 자주 찾는 연락처 등록, 연락 기록 확인, 음성 메일 보내기가 가능하다.

- **파일**: 모든 팀즈에 공유된 파일을 한번에 볼 수 있고 자신의 원드라이브(OneDrive)에 접근할 수 있다.

5.2 팀 생성하기와 참가하기

팀을 구성하거나 참가하기 위해서는 팀즈 로그인 후, 다음 그림의 오른쪽 상단에 있는 [팀 참가 또는 만들기]를 선택한다.

그림 2-61 팀 생성하기와 참가하기

팀을 생성하려면 [팀 만들기]를 클릭하고, 팀에 참가하려면 [코드를 사용하여 팀 참가]를 클릭하고 팀 코드를 입력하여 참가한다. [팀 만들기]를 선택했을 때 **그림 2-62**와 같이 4가지 중 한 가지 팀 종류를 선택하는 팝업이 뜬다. 수업을 담당하는 교과 담임은 [수업]을 선택하고, 다음 팝업 창에서 팀

이름을 작성한다. 팀 이름은 추후 수정할 수 있다. 다음에 나오는 교사와 학생 추가창은 [건너뛰기]를 선택한 후 다른 방법(팀 코드 활용 방법)으로 초대하는 편이 낫다. [팀 코드]를 생성하여 교사와 학생들을 참가하도록 하는 팀 코드 활용 방법은 바로 뒤에서 설명하도록 하겠다.

그림 2-62 팀 유형 선택 및 팀 이름 정하기

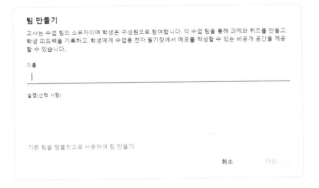

팀 이름 정하기

팀에 참여할 때 학교 내에서 이름 짓는 규칙을 정하면 확인이 용이하다. 예를 들어 '2020_대한고_3학년1반'이라고 하면 팀 이름만 봐도 충분한 정보를 얻을 수 있다. 학년도 정보가 포함되면 올해의 팀과 이전 년도의 팀을 구분할 수 있고, 팀 또는 채널 필터링이 가능하다.

5.3 팀 코드로 교사와 학생 초대하기

팀의 소유자(교사)는 팀 코드를 생성한 후, 학생이나 동료 교사에게 팀 코드를 안내하여 직접 팀에 참가하도록 할 수 있다. 팀 코드를 생성하는 단계는 다음과 같다.

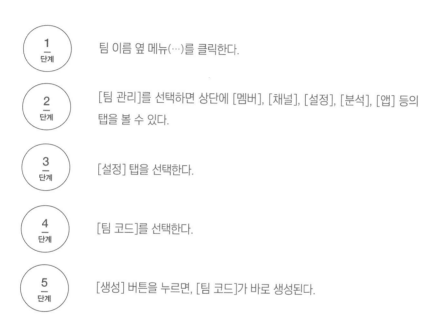

1단계   팀 이름 옆 메뉴(…)를 클릭한다.

2단계   [팀 관리]를 선택하면 상단에 [멤버], [채널], [설정], [분석], [앱] 등의 탭을 볼 수 있다.

3단계   [설정] 탭을 선택한다.

4단계   [팀 코드]를 선택한다.

5단계   [생성] 버튼을 누르면, [팀 코드]가 바로 생성된다.

그림 2-63처럼 코드를 생성하면 소문자 알파벳과 숫자로 구성된 코드가 보인다(예: ik6a86p). 동료 교사나 학생들은 **그림 2-61**에서의 [코드를 사용하여 팀 참가] 버튼을 누른 후 안내받은 팀 코드를 입력하여 팀에 참가하면 된다.

그림 2-63 팀 코드 만들기

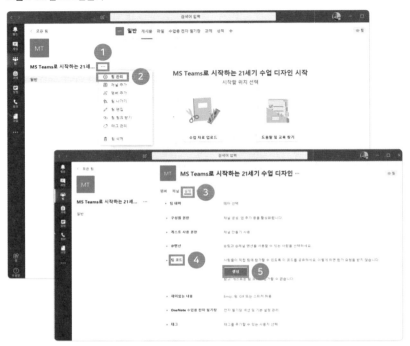

[팀 코드] 다시 설정

학급 학생이 모두 참가했음을 확인한 후, [팀 코드] → [다시 설정]을 눌러 팀의 노출을 막는
다. 이후에 참가하는 학생(예: 전학생)은 [멤버 추가] 기능을 활용하여 개별 초대할 수 있다.
[멤버 추가]는 팀의 메뉴(…)를 클릭했을 때 보인다.

5.4 역할 수정 및 교실 이동하기

교사는 '소유자', 학생들은 '구성원'이라고 이해하면 된다. 팀을 생성하여 소유자와 구성원이 추가되는 과정에서 구성원의 역할을 수정하거나 내보내야 할 경우가 있다. 팀 관리 메뉴 ① 에서 [멤버] ② 를 선택하면 다음 그림과 같은 화면을 볼 수 있다. 교사가 학생으로 가입되었거나 학생이 교사로 되어 있을 경우 해당 구성원의 [역할] ③ 을 눌러 그 역할(소유자(교사)와 구성원(학생))을 바꿀 수 있다. 또는 학생이 실수로 팀을 잘못 들어왔을 경우, 해당 학생의 오른쪽에 있는 [x] ④ 를 눌러 내보내면 된다.

그림 2-64 멤버 관리

팀을 어떻게 구성할 것인가?

학교와 교과목에 따라 담당하는 학급 수나 범위는 다양하다. 초등학교의 경우 담임 교사가 한 학급의 대부분의 교과목을 가르치고, 특정 교과를 맡는 몇 명의 전담 교사와 함께한다. 중학교의 경우 한 명의 교사가 한 학년 전체를 가르치기도 하고, 2명 이상의 동(同) 교과 교사가 여러 학급을 동시에 맡아 가르치기도 한다. 따라서 한 학년을 한 팀으로 할 것인지, 한 학급을 한 팀으로 할 것인지 고민하게 된다.

정답은 없으나 초등의 경우 한 학급이 한 팀이 되고 전담 교사가 그 팀에 교사로 참여하는 것이 효율적이다. 전담 교과를 위해 교과 '채널'을 학급팀 안에 만들어 운영하면 효율적이다. 중등의 경우 교과별로 학급당 한 팀이 구성되는 것이 노트나 과제 및 성적 관리 등에 효율적이다. 예를 들어, 대한중학교 1학년 1반이 수강하는 교과목이 6개라면 6개의 팀이 구성되는 것이다. 고등학교의 경우 여러 교사가 한 과목을 가르치는 경우가 많은데, 한 팀을 복수의 교사가 운영하면 된다. 혼란이 예상된다면 해당 교과반팀 안에 교사 '채널'을 추가하여 운영하면 효율적이다.

5.5 팀 메뉴 살펴보기

이제 본격적으로 수업을 시작하기 위해서 팀 내의 메뉴를 하나씩 살펴보자.

그림 2-65 팀 내 메뉴

상단에 보이는 [게시물], [파일], [수업용 전자 필기장], [과제], [성적], [모임]은 각 팀에만 적용되는 메뉴이다. 왼쪽에 세로로 있는 메뉴는 전체 팀에 적용되는 메뉴이므로 구분하도록 하자. 상단 메뉴의 자세한 활용 및 수업에서의 응용은 다른 챕터에서 설명하도록 하겠다. 일단, 상단 메뉴의 기본 내용을 알아보자.

- **일반:** 팀의 하위 조직으로 [채널]이 있는데, [일반]은 기본 생성되는 채널이다. 팀의 구성원 모두가 팀에서 이루어지는 모든 활동을 할 수 있는 곳이다. 채널의 활용 방법은 다음 절과 Chapter 3에서 자세하게 다루겠다.

- **게시물:** 팀 전체와 소통(공지와 게시 등)하거나 파일 전송, 화상 수업을 진행하는 메뉴이다. 활용 방법은 Chapter 3, 4에서 자세하게 다루겠다.

- **파일:** 다양한 종류의 파일을 생성하고 업로드와 다운로드, 공유할 수 있다. 학습 자료(학생은 보기 권한만 주어짐) 폴더가 기본 생성되어 있다. 문서(워드, 엑셀, 파워포인트 등)를 해당 프로그램에서 열지 않고 팀즈에서 바로 '새로 만들기'할 수 있다. 또한 기존에 가지고 있던 파일을 업로드하거나, 다른 클라우드 저장소를 추가할 수도 있다. 활용 방법은 Chapter 3, 4에서 자세하게 다루겠다.

- **수업용 전자 필기장:** 노트처럼 활용되며, 크게 3가지 수준(필기장-섹션(상위, 하위)-페이지)으로 나뉜다. 한 팀(학급)에는 하나의 필기장이 만들어 진다. 상위 섹션은 크게 3가지 종류(교사가 나눠주고 학생들은 보기만 가능한 섹션, 모든 구성원들이 함께 쓰는 섹션, 학생 개인 섹션)가 기본적으로 만들어지고, 하위 섹션의 종류는 교사가 수업을 어떻게 디자인하느냐에 따라 달라진다. 각 섹션에서 페이지는 개인이 원하는 대로 추가할 수 있다. 활용 방법은 Chapter 4, 5에서 자세하게 다루겠다.

- **과제:** 과제와 퀴즈를 학생들에게 할당한다. 과제는 각종 멀티미디어(글, 그림, 동영상 파일 및 링크)를 제시하고 학생들의 결과물을 각종 멀티미디어 파일(워드, 엑셀, 파워포인트, 수업용 전자 필기장, 기타 파일 등)로 받을 수 있다. 퀴즈는 설문 형태와 형성 평가 형태가 있으며, 형성 평가의 경우 정답과 배점을 미리 설정해 두면 자동 채점이 가능하다. 활용 방법은 Chapter 3, 4에서 자세하게 다루겠다.

- **성적:** 팀 내에서 주어진 모든 과제와 퀴즈의 성적이 한 페이지에 보인다. 채점하고 피드백을 주는 것이 가능하고 원할 때 엑셀 파일로 내려받을 수 있다. 활용 방법은 Chapter 4에서 자세하게 다루겠다.

- **탭 추가(+):** 플러스 버튼을 누르면 오피스 프로그램이나 다른 외부 프로그램 또는 사이트 등을 추가할 수 있다. 이것을 활용하면 더욱 다양한 수업을 디자인할 수 있고, 학생들의 수업 집중력을 높일 수 있으며, 교사는 효율적으로 수업을 운영할 수 있다.

- **모임:** 화상 모임을 시작하거나 예약할 수 있다.

5.6 팀 안에 별도 채널 만들기

채널은 팀의 하위 조직이다. 한 팀에서 200개까지의 채널을 생성할 수 있다 (삭제한 채널 포함). 채널 아래에 다른 채널을 하위 조직으로 두지는 못한다. 채널을 잘 활용하면 수업 관리를 훨씬 효율적으로 할 수 있다. 특히 여러 교사가 한 학급(팀)을 가르치는 경우 더욱 그렇다.

팀 안에 채널을 만들려면 팀 이름 옆 메뉴 버튼(…)을 선택한 후 [채널 추가]를 클릭한다.

그림 2-66 팀 안에 별도 채널 생성

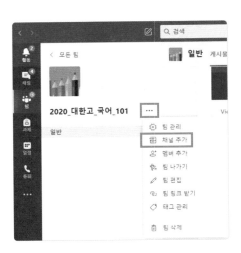

그림 2-67 채널 이름 및 비공개 채널 설정

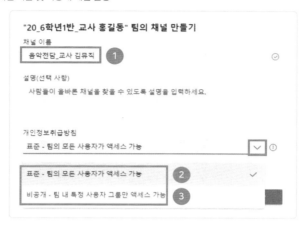

이때 앞 그림처럼 채널 이름과 개인정보취급방침 선택(표준 또는 비공개) 창이 뜬다. [표준]은 소속하는 팀의 모든 구성원에게 개인정보가 공개되는 것이다. [비공개]는 팀 구성원 중에서 특정 구성원만을 별도 추가하여, 비공개 채널 구성원에게만 개인정보가 공개되고 추가되지 않은 나머지 구성원에게는 비공개로 운영하는 것이다.

1. **채널 이름:** 채널 이름은 추후 수정할 수 있다. 채널을 운영하는 방식은 학급이나 교과의 성격에 따라 교사가 정할 수 있다. 모둠별 채널, 교사별 채널, 주제별 채널, 날짜별(주간/월별) 채널 또는 여러 채널을 혼합하여 이용할 수도 있다.

2. **표준:** 채널의 성격에 따라 공개 또는 비공개 채널을 만들 수 있다. 표준 채널은 그 팀의 모든 사용자가 별도의 초대 없이 참여 가능하다.

3. **비공개:** 특정한 사용자만 이용 가능하며 그들에게만 보이는 채널이다. 채널의 소유자(교사)가 사용자를 미리 추가해야 한다.

채널을 활용하는 방법은 다양하다. 초등학교의 경우 학급팀 안에 전담 교과를 위한 채널을 만들어, 해당 과목과 관련된 수업이나 활동을 채널에서만 진행하면 다른 교과와 섞이지 않아 관리가 편하다. 또 다른 활용 방법은 날짜별로 채널을 만드는 것이다. 담임 교사가 대부분의 수업을 담당하는 초등학교의 경우, 날짜별로 채널을 만들면 학생들의 활동을 검색하기 편하다. 또는 이 두 가지를 조합해서 사용하는 것도 좋다.

그림 2-68 초등학교 팀 채널의 예

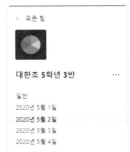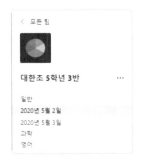

중등(중학교, 고등학교)의 경우 특정 교과 반을 2인 이상의 교사가 담당하는 경우가 많다. 이럴 때 교사별로 채널을 만들면 팀 관리가 편하다. 모둠 활동이 많은 경우 모둠별 채널을 만들 수도 있다. 역시 다양한 채널을 복합적으로 사용해도 좋다.

그림 2-69 고등학교 팀 채널의 예

이번 챕터에서는 팀즈 설치 및 팀즈의 운영 사례를 살펴보았다. 팀즈는 최고의 협업 플랫폼으로 평가받고 있는바, 교실 팀 운영을 넘어서 학교 전체를 팀즈로 운영하는 사례와 최근 확대되는 학교 간 교육 과정(공동교육과정) 운영 사례를 안내했다. 이를 통해, 온라인 비대면 가상 학교 모델을 제시했다. 또한 관리 앱을 통해 세부적으로 관리하는 방법 및 팀즈 교실을 생성하는 구체적인 방법을 안내하여 팀즈로 수업을 시작할 수 있게 설명했다. 다음 챕터에서는 팀즈를 활용한 온라인 수업의 기본 방식에 대해 살펴보겠다.

MS 팀즈 수업 디자인

Chapter

팀즈로 시작하는
온라인 수업

Chapter 03 팀즈로 시작하는 온라인 수업

학습관리시스템에서의 학습 활동 대부분은 쌍방향 의사소통(Interactive Communication)을 포함한다. 쌍방향 의사소통이란 정보를 한쪽에서만 일방적으로 보내는 것이 아니라 의사소통 당사자들이 생각을 주고받으며, 서로에게 영향을 미치는 과정[1]을 말한다. 다시 말해, 학습관리시스템에서의 수업은 교사의 일방적인 지식 전달에서 끝나지 않고, 학생들의 다양하고 적극적인 참여가 교사의 수업을 구성·재구성하는 데 영향을 미칠 수 있다는 것이다. 이러한 쌍방향 의사소통의 장점은 학습관리시스템의 토론, 협업, 질의와 응답, 퀴즈와 과제 등 다양한 방식에서 드러날 수 있다.

학습관리시스템에서 쌍방향 의사소통을 활용한 학습은 크게 두 가지로 나뉘는데, 참여한 사람들이 동시에 상호작용하는 실시간 학습(Synchronous Learning)과 서로 다른 시간대에 상호작용하는 비실시간 학습(Asynchronous Learning)이다.[2] 실시간 학습이란 교사와 학생이 온라인 공간에서 화상 회의 도구 등을 이용하여 실시간으로 수업에 참여하고 학습 활동을 하는 것을 말한다. 이 학습은 전통적인 수업 방식을 온라인 환경에 그대로 옮겨온 모양새로, 활발한 토론과 즉각적인 피드백이 가능하다는 장점이 있다. 그러나 정해진 시각과 시간 때문에 모든 구성원이 충분히 참여하지 못할 수도 있고, 기술적 문제(예: 인터넷 환경)가 있는 참여자들은 활발히 참여하지 못

1   Lonn, S., & Teasley, S. D. (2009). Saving time or innovating practice: Investigating perceptions and uses of Learning Management Systems. Computers & education, 53(3), 686-694.

2   Hrastinski, S., Keller, C., & Carlsson, S. A. (2010). Design exemplars for synchronous e-learning: A design theory approach. Computers & Education, 55(2), 652-662.

할 수 있다는 단점이 있다.

비실시간 학습이란 교사가 학습 자료(자습 가능한 학습 모듈, 비디오 콘텐츠, 자료실, 강의 노트 등)를 미리 제공하고 질의 응답할 수 있는 도구(게시판, 채팅 등)를 마련한 후, 학생들마다 자신의 스케줄에 맞는 시간에 접속하여 각자의 속도로 학습을 진행하는 것이다. 이 학습은 학생의 시간과 능력에 맞춰질 수 있다는 장점이 있지만, 실시간 상호작용이 주는 지적 유대감이 부족하고 학생이 학습이나 과제를 혼자 해내야 한다는 부담감을 느낄 수 있다는 단점이 있다.

이 챕터에서는 팀즈에서의 학습 활동을 실시간 학습과 비실시간 학습을 기본으로 하여 4가지 형태로 분류하고자 한다.

그림 3-1 팀즈의 실시간 • 비실시간 수업

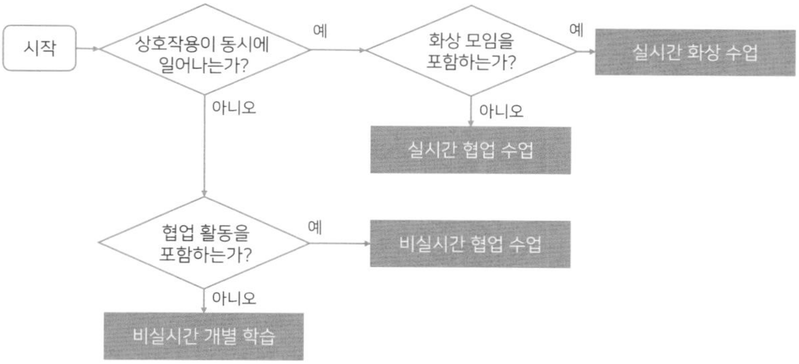

실시간 상호작용 여부에 따른 실시간과 비실시간 수업 활동은 다음과 같이 구분된다.

그림 3-2 실시간과 비실시간 수업 유형

첫째, 실시간 소통을 활용한 수업 방식은 다시 화상 모임 기능을 포함한 실시간 화상 수업과 화상 모임 없이 문서(워드, 엑셀, 파워포인트, 수업용 전자 필기장 등)에서 실시간 협업을 하며 진행하는 실시간 협업 수업으로 나뉜다.

둘째, 비실시간 소통을 활용한 수업 방식으로는 학생 개인의 속도와 수준에 맞춰 진행하는 비실시간 개별 학습과 학생들의 협업이나 토의를 끌어내는 비실시간 협업 수업 또는 토의가 있다. 또한 **그림 3-2**에서 보이는 문서 공동 작업과 소셜 러닝도 비실시간 소통으로도 가능하다. 상호작용이 실시간으로 일어나지 않을 뿐, 함께 협업하고 서로 배울 수 있다는 장점은 충분히 누릴 수 있는 것이다.

참고

- 실시간과 비실시간 형태는 한 수업 모형에서 공존할 수도 있다.
- 팀즈는 팀(반) 또는 모둠에서 별도의 프로그램 도움 없이 언제든지 화상 모임이 가능하다.

1. 실시간 화상 수업

실시간 화상 수업은 화상 회의 도구를 활용하여 교사와 학생이 온라인에서 수업에 참여하는 것이다. 다음 그림은 화상 모임으로 실시간 수업을 진행하는 흐름을 보여준다. 다음 그림의 번호를 기준으로 설명하도록 하겠다.

그림 3-3 실시간 화상 수업 흐름도

보통, 수업은 매주 반복되므로 (**1**)모임 예약은 한 번 해두면 학기나 학년 내내 적용된다. (**3**) 출석체크의 방법은 다양한데 Chapter 5에서 자세히 다루겠다. (**4**)수업 진행에 사용되는 메뉴나 도구는 매우 다양하며 수업 스타일에 따라 결정할 수 있는데, 이 챕터에서는 기본적인 기능을 중심으로 다루고, 추가로 활용할 수 있는 도구나 방법은 Chapter 4~6에 걸쳐 상세히 다루겠다.

팀즈가 다른 학습관리시스템과 차별되는 큰 장점 중 하나는 팀 안에 화상 수업 도구가 포함되어 있다는 점이다. 다른 링크나 앱(프로그램) 추가 없이 화상 모임 아이콘을 한 번 클릭하는 것만으로 팀에 속한 구성원들과 바로 화상 수업을 시작할 수 있다. 별도의 코드나 회의 ID로 입장하는 구조가 아니므로, 외부인이 화상 수업에 참여할지도 모른다는 걱정을 할 필요가 없다.

모임을 시작하면, 교사와 학생을 포함한 모든 참여자에게 [발표자] 권한이 부여된다. [발표자] 권한이 있으면 다른 구성원을 내보내거나, 화면을 공유할 수도 있고 화상 모임을 녹화할 수도 있다. 최악의 경우, 학생이 교사나 다른 학생을 내보낼 수도 있고, 교사가 화면을 공유하며 수업하는 도중에 학생이 자신의 화면을 공유하여 수업이 중단될 수도 있다. 또한, 교사의 허락을 받지 않고 학생이 수업을 녹화하는 일이 생길 수도 있다(누가 녹화하는지는 알 수 있다). 따라서 학생들에게 [발표자]의 권한(다른 구성원 내보내기, 화면 공유하기, 화면 녹화하기 등)을 주지 않기 위해서는 [모임 예약]을 한 후 수업을 진행하는 것이 좋다.

▪ 준비사항

수업에 필요한 학습자료를 미리 준비한다.

- **동영상 자료:** 교사가 실시간으로 동영상을 공유할 때 자주 일어나는 실수는 시스템 오디오를 포함하지 않고 공유하여 동영상의 소리가 학생들에게 전달되지 않는 것이다. 화면 공유 시 반드시 [시스템 오디오 포함]을 체크하여야 한다(그림 3-17 참고). 또는 동영상 링크를 공유하여 각자가 동영상을 본 후 전체 모임을 이어가는 것도 한 방법이다.

- **아래아 한글(hwp) 자료:** 많은 교사가 이미 아래아 한글 형태로 수업 자료를 가지고 있어, 이를 그대로 팀즈에 공유하려는 경우가 많다. 아래아 한글 파일은 팀즈에서 바로 열리지 않아 곤혹스러울 수 있으므로, PDF 파일 형태로 바꾸어 팀즈에 업로드하여 공유하는 것을 추천한다. 아래아 한글에서 PDF 파일로 저장해야 아래아 한글 폰트 저작권이 동일하게 유지된다는 점을 주의하길 바란다.

- **파워포인트 자료:** 파워포인트 파일을 팀즈에 업로드한 후 실시간 화면 공유를 할 수도 있고, 내 컴퓨터나 외장 메모리에 있는 파워포인트 파일을 공유할 수도 있다. 각각의 방법이 장단점을 가지고 있으므로, 수업 진행하기 전 확인해 보는 것이 좋다.

- **형성 평가:** 실시간으로 형성 평가를 하고 싶을 때는 폼즈 앱에서 퀴즈 양식을 미리 만들어 둔 후, [과제]로 원하는 순간에 [할당](이 챕터의 3.1절 참고)하거나 폼즈에서 응답하기 공유 주소를 복사하여 원하는 순간 [게시물]에 붙여넣기 해도 된다.

1.1 실시간 화상 수업 시작하기

화상 수업을 시작하려면 팀의 게시물에서 대화창 아래에 있는 메뉴 중 카메라 아이콘을 누른다.

그림 3-4 화상 수업 시작하기

다음 그림과 같은 창이 뜨고, [지금 모임 시작]을 클릭하면 화상 수업이 시작된다. 팀의 효율적 운영을 위해서는 [제목을 추가하시겠습니까?]에 구체적 제목을 적어 모임을 구별해두면 좋다. 학생들에게 너무 많은 권한을 주지 않기 위해서는 [모임 예약]을 선택한다. 이어지는 절에서 [모임 예약]에 대해 자세히 알아보자.

그림 3-5 화상 모임 시작 또는 예약

1.2 모임 예약: 화상 수업 권한 조정하기

[모임 예약] 클릭 후, 일련의 과정을 거쳐 학생들의 권한을 발표자가 아닌 참석자로만 제한할 수 있다. 다소 복잡해 보일 수 있으나, 반복되는 모임은

한 번만 설정해두면 된다.

그림 3-6 모임 예약으로 권한 조정하기

구체적인 방법은 다음과 같다. 우선 [모임 예약]을 누른다. 다음 그림과 같은 예약 화면이 나타나면, 일정과 모임 이름을 작성하고 확인한 후 오른쪽 상단에 있는 [보내기] 버튼을 누르면 모임이 예약된다.

그림 3-7 모임 예약

[게시물]에 가면 예약된 모임 메시지가 나타난 것을 확인할 수 있다.

그림 3-8 예약된 모임 메시지

예약된 모임(파란색 부분)을 클릭하면 모임 예약 창이 다시 나타난다. 앞에서 보았던 창과는 달리 메뉴가 좀 더 다양해졌다. 여기서 [모임 옵션]을 클릭한다.

그림 3-9 모임 예약 다시 가기

인터넷 브라우저 창이 뜨고, 여기서 몇 가지 옵션을 저장할 수 있다.

그림 3-10 모임 옵션에서 발표자 지정하기

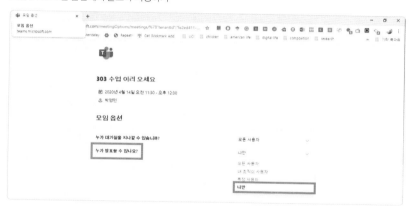

[누가 발표할 수 있나요?]의 드롭다운 메뉴에서 [나만]을 선택하고 저장한다. 즉, 교사만 발표자로 지정해 두고 나머지 학생들은 참석자로 설정하는 것이다. 설정을 완료한 후, 모임을 시작하면 학생들에게는 녹화, 화면 공유, 다른 구성원 내보내기 등의 권한이 없다. 수업 중에 특정 학생이 화면 공유를 하며 발표해야 한다면 화상 모임의 사용자 창에서 해당 학생을 [발표자로 지정]하면 된다.

그림 3-11 화상 수업 중 발표자 지정하기

최근에 버튼이 추가되어 화상 모임 도중 모임 옵션을 수정하는 것이 간단
해졌다. 화상 모임 화면 오른쪽에는 참가자 명단이 보이는 패널이 있다. 상
단에 있는 메뉴(⋯) 버튼을 클릭하여 [권한 관리]를 선택한다. 브라우저가
열리고 모임 옵션 화면을 볼 수 있다. 이후, 앞서 설명한 대로 발표자를 설정
하면 된다.

1.3 모임 참가 및 진행하기

모임을 예약해두면 [게시물]에서 예약된 모임을 항상 볼 수 있다. 파란색으
로 표시된 부분을 클릭한다.

그림 3-12 게시물에서 보이는 예약된 화상 모임

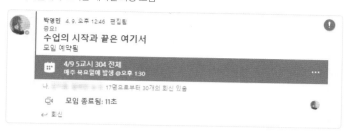

예약된 모임을 클릭한 후에 창이 뜨면 [참가] 버튼을 누르고 참가한다.

그림 3-13 예약된 모임에 참가하기

화상 수업을 시작하면 다음 그림과
같은 기본 화면을 볼 수 있다. 선택
하는 메뉴에 따라 화면 구성이 조
금씩 바뀐다.

그림 3-14 화상 수업 기본 화면

화상 수업을 진행하는 데 필요한 메뉴는 다음과 같다. 가끔 메뉴가 화면에
서 사라졌다 하더라도 마우스를 화면 위에서 움직이면 다시 메뉴가 나타나
므로 걱정하지 않아도 된다.

그림 3-15 화상 모임 메뉴

1. **카메라 아이콘**: 화상 수업 중 클릭하면 자신의 얼굴을 보이거나 감출 수 있다.

2. **마이크 아이콘**: 화상 수업 중 클릭하면 자신의 음성을 끄거나 켤 수 있다.

3. **화면 공유**: 수업 또는 발표에 필요한 미디어를 다른 사람들에게 보여줄 수 있다.

4. **더 보기**: 숨어있는 메뉴를 본다. 나의 영상 배경 효과를 설정할 수 있다. 배경 효과로는 현재
의 배경을 흐리게 하거나, 특정 이미지를 배경으로 설정하는 것이 가능하다. 자세한 내용은
다음 그림을 참고하길 바란다(그림3-17).

5. **손 들기**: 강의 도중 질문이 있거나 발언하고 싶은 학생은 이 아이콘을 클릭하여 의사를 표시
할 수 있다. 의사를 표시한 해당 학생의 이름 옆에 손 모양 아이콘이 보인다.

6. **대화 표시**: 화상 수업 중 실시간으로 채팅하며 교사에게 질문 또는 답을 하거나 서로
의 의견을 교환할 수 있다. 수업이나 발표를 할 때 있을 수 있는 청중들끼리의 이야기
(backchannel; Peters & Wong, 2015[3])를 기술적으로 모두와 공유하게 된다. 교실 수업에
서 자칫 놓칠 수 있는 학생들의 생각이나 의문점에 귀기울일 수 있는 좋은 방법이다.

7. **참가자 표시**: 현재 화상 수업에 참여한 구성
원을 볼 수 있다. 각 학생 이름 오른쪽에 있는
더보기 메뉴(···)를 열면, 다음과 같다. 필요
할 때 해당 학생의 소리를 끄거나(🎤), 큰
화면으로 보거나(⚲), 화상 모임에서 나
가게 하거나(☎), 혹은 참가자에서 발표
자로 지정(🔊)할 수 있다.

8. **전화 끊기**: 모임에서 나간다.

3   Peters, P., & Wong, D. (2015). Turn management and backchannels. In Corpus pragmatics:
A handbook (pp. 408-429). Cambridge University Press.

더 보기 메뉴(**그림 3-15**에서 4번)를 선택하면 다음 메뉴가 나타난다.

그림 3-16 더 보기 메뉴

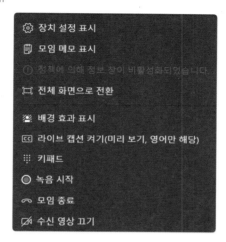

- **장치 설정 표시**: 오디오, 비디오, 마이크의 종류나 상태를 설정한다.
- **모임 메모 표시**: 화상 모임 중 참가자가 함께 메모할 수 있는 기능이다.
- **전체 화면으로 전환**: 화상 모임이 기기에 꽉 찬 전체 화면으로 보인다.
- **배경 효과 표시**: 자신의 뒷배경을 흐리게 또는 가상 배경으로 바꿀 수 있다.
- **녹음 시작**: 잘못 번역된 표현으로, 사실은 녹화다. 화상 모임을 녹화하는 버튼이다. 녹화한 결과는 녹화 주체자 성명과 함께 게시물에 표시된다.
- **모임 종료**: 모임을 시작한 사람이 이것을 선택하면 모임이 종료된다. 자신만 모임에서 나가는 [전화 끊기] 기능과 구별된다.

실시간으로 수업을 진행할 때 교재, 파워포인트, 또는 학습지 등 학습 자료를 보여주며 설명해야 하는 경우가 많다. 이때 [화면 공유](**그림 3-15**에서 3번) 아이콘을 클릭하면 다음 그림처럼 화상 모임에 참여한 구성원들과 무엇을 공유할 것인지를 선택하는 창이 보인다.

그림 3-17 화면 공유 선택 창

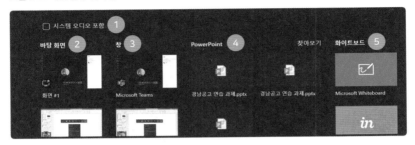

1. **시스템 오디오 포함**: 동영상 등을 공유할 때 컴퓨터에서 나오는 소리를 함께 전달하려면 이 메뉴를 체크해야 한다(PC에 설치한 팀즈 앱에서만 나타남).

2. **바탕 화면**: 교사의 바탕화면에서 일어나는 모든 상황을 학생들과 공유한다. 다시 말해, 교사의 눈에 보이는 대로 학생들의 화면에 그대로 전송된다.

3. **창**: 팀즈, 파워포인트, 인터넷 브라우저 등 선택하는 창만 학생들과 함께 볼 수 있다. 교사가 특정 창을 화면 공유했다면, 자신의 컴퓨터 내 다른 창을 열더라도 학생들은 볼 수 없다. 이 때 아래아 한글 창은 지정할 수 없으므로 아래아 한글 파일을 공유하려면 [바탕화면]으로 설정해야 한다.

4. **PowerPoint**: o365 파워포인트 프로그램에서 최근에 사용한 파일을 찾아 공유한다.

5. **화이트보드**: 참가자들이 함께 스케치(판서)할 수 있는 공간이다. 즉, 교실의 칠판처럼 모두 함께 쓸 수 있는 앱으로, 교사가 화이트보드를 공유하고 학생들은 화이트보드에 제공된 펜으로 동시에 쓸 수 있다. 여기서 공유되는 화이트보드는 Windows 10의 Microsoft Whiteboard 앱과 바로 연동되는 장점이 있다. 앱에서는 스케치 내용을 이미지로 내보낼 수 있고 수업용 전자 필기장으로도 내보낼 수 있다.

화상 모임

누군가가 이미 모임을 시작했다면, 다음 그림처럼 게시물에 보이는 [참가] 버튼을 클릭하여 바로 모임에 참가할 수 있다.

팀즈의 화상 모임은 계속해서 업데이트가 진행되며 여러 기능이 추가되었다. 최근 화상 모임
에 업데이트된 기능은 다음과 같다.

1. **화상 모임 화면에 보이는 인원수 증가:** 한 화면에서 최대 49명의 참여자를 볼 수 있다. 2020
   년 7월에 업데이트되었다.

2. **Together Mode(투게더 모드):** 가상 배경을 제공하여, 서로 다른 장소에서 화상 모임을 하
   더라도, 모두 같은 장소에 있는 느낌으로 화상 모임을 진행할 수 있는 모드이다. 이 기능 역시
   2020년 7월 업데이트되었다.

1.4 제어권 활용하기

실시간 수업 중, 학생들이 교사의 도움을 필요로 하는 경우가 생길 수 있다.
예를 들면 수학 문제 계산 과정 중, 어떤 부분에서 풀이가 잘못되었는지 모
른다거나, 어떤 앱의 사용을 새로 배우는 중인데 메뉴 활용이 서투르거나

하는 경우이다. 혹은 모둠별로 발표할 때 발표 자료는 하나인데 발표자가 여럿인 경우도 있다. 교실 수업이라면 교사가 직접 가서 도움을 주거나, 발표 학생 여럿이 교탁에 나와 발표 자료 하나를 보여주며 발표하면 된다. 그러나 온라인 화상 수업에서는 이렇게 진행할 수가 없다. 이때, 팀즈의 화상 모임 중 [제어권] 기능을 활용하면 문제가 해결된다. 이 기능을 활용하는 예는 다음과 같다.

그림 3-18 제어권 활용 시나리오

도움이 필요한 학생 A가 자신의 화면을 공유하고 교사에게 [제어권]을 제공하면, 교사가 그 학생의 컴퓨터 화면에서 조작할 수 있다. 말로 설명하는 것보다 마우스로 조작하며 직접 행동으로 보여주었을 때 교육 효과가 큰 경우 활용하면 좋다. 발표를 돕는 학생 역시, 함께 발표하는 학생에게서 [제어권]을 받아 함께 발표하면 여러 명이 화면 공유를 설정했다가 해제하는 등의 필요 없는 시간 낭비를 줄일 수 있다.

제어권을 제공할 때는 화면을 공유하는 도중에 화면 하단의 메뉴 바에서 [제어권 제공(Give Control)] 메뉴를 눌러 제공할 사람을 선택하면 된다.

그림 3-19 제어권 요청 및 제공 화면

1.5 화상 수업 녹화하기

실시간 화상 수업에 참여하지 못한
학생들을 위해서 화상 수업을 녹화
한 후 공유할 수 있다. 화상 수업을
하는 중에 더 보기[…]를 클릭하여
메뉴가 나타나면 [녹음 시작][4]을 선
택한다. 끝내고 싶을 때는 같은 방
식으로 [녹음 중지]를 선택하여 끝
낸다.

그림 3-20 화상 수업 녹화

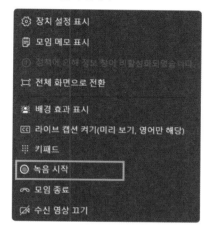

녹화된 영상은 게시물에 나타난다.
영상 썸네일 오른쪽의 메뉴[…]를 클릭하여 영상을 재생하거나 공유할 수
있다. 다음 그림의 열린 메뉴에서 [Microsoft Stream에서 열기]를 선택하면
영상을 다시 볼 수 있다.

그림 3-21 녹화된 화상 수업 열기

---

4   녹음 시작: Start recording. '녹화'라고 번역되어야 하나, 한국어 버전에서는 자동 번역된 메뉴를 그대
로 쓰기 때문에 상황에 어울리지 않게 [녹음 시작]이라고 되어 있다.

영상을 공유하는 방법은 두 가지인데, [공유] 버튼을 클릭하여 공유하거나 [Microsoft Stream]으로 이동한 후 영상을 재생하여 공유할 수도 있다. 다음 그림을 따라 공유해보자.

그림 3-22 녹화된 화상 수업 공유하기

앞선 그림처럼 공유할 링크를 복사한 후, 공유하고 싶은 구성원(예: 실시간
수업에 결석한 학생)에게 [채팅]으로 보내주면 된다. 일정 시간이 지난 후에
[공유 중지]하거나 공유될 기간을 지정해두고 공유할 수 있다.

화상 수업 녹화 팁

화면 녹화 기능은 팀의 [소유자], 즉 교사와 [발표자]만 활성화된다. 교사가 화상 모임을 예
약할 때 [발표자]를 [나만]으로 지정해두면, 학생들이 임의로 화상 모임을 녹화하는 일을 미
연에 방지할 수 있다.

---

2. 실시간 모둠 수업

팀즈에서는 교실에서 이루어지는 모둠 수업을 충분히 구현할 수 있다. 예
를 들어 **그림 3-23**과 같이 전체 모임(**1**)으로 시작하여 모둠 활동(**2**)을 한
후 전체 모임(**3**)에서 정리하고 간단한 형성 평가(**4**)로 마무리할 수 있다.

그림 3-23 실시간 모둠 수업 흐름도

혹은 (**1**), (**3**), (**4**)의 단계를 생략하고 (**2**)의 단계만으로도 충분히 훌
륭한 수업이 될 수 있으며, 이때 화상 모임 없이 오롯이 채팅과 문서(워드, 파

위포인트 등)를 이용하여 모둠 활동을 할 수 있다. 또는 (**2**)와 (**3**), (**2**)와 (**4**)의 조합 등 교사가 디자인하는 대로 수업을 진행할 수 있다. 이런 실시간 모둠 수업을 위해 필요한 기능을 알아보자.

2.1 모둠 수업: [채널]의 화상 모임 활용하기

팀즈에서 한 사람이 동시에 다수의 화상 모임에 참여할 수 있는데 단, 4개까지 가능하다. 참여한 다수의 화상 모임 중 하나의 모임에서 대화하면 다른 모임에서는 통화 대기 상태가 된다. **그림 3-24**를 보면 현재 '4모둠'의 화상 모임에 교사가 참여하고 있고, 1~3모둠에서는 통화 대기 중인 것을 알 수 있다. 4모둠 외에 다른 모둠에서는 교사의 말이 들리지 않는다. 참여하고 싶은 모둠의

그림 3-24 모둠별 화상 모임

통화 버튼(▷)을 누르면 바로 참여하게 되고, 마찬가지로 그 외의 모둠 화상 모임에는 교사의 말이 들리지 않는다.

이러한 모둠 화상 모임은 '일반' 채널 게시물에서 모두 시작할 수 있으나, 모둠 채널이나 모둠별 채팅방을 만들어 각각의 모둠 채널(또는 채팅방)에서 화상 모임을 시작하는 것이 좋다. 모둠 수업을 운영하는 교사에게는 화상 모임의 이름이 그림과 같이 모둠 이름으로 뚜렷하게 구별되는 것이 좋은데, 채널의 이름이 화상 모임에 그대로 적용되기 때문이다. 채널을 이용하는 방법은 다음 절에서 설명하겠다.

학급 전체 화상 모임과 모둠별 화상 모임 운영하기

화상 모임은 한 번에 4개까지만 참여 가능하다. 모둠이 4개 있을 경우, 교사가 참여해야 하는 화상 모임은 학급 전체 모임을 포함하여 5개가 되어, 모든 모임에 참여하는 것은 불가능하다.

해결하는 첫 번째 방법은 학급 전체 모임을 [통화 종료]하여 빠져나간 다음 4개의 모둠에 참여하는 것이다. 그러나 모둠 활동이 모두 끝난 후, 다시 학급 전체 모임으로 돌아가 [참가] 버튼을 클릭해야 하는 번거로움이 있다.

두 번째 방법은 수업 시작 전, 학급 전체 모임은 컴퓨터로 [참가]하고, 모둠 화상 모임 중 하나는 스마트폰으로 [참가]하는 것이다(스마트폰에서는 하나의 모임만 참여 가능하다). 팀즈는 같은 아이디로 여러 기기에서 참가하는 것이 가능하기 때문이다. 스마트폰에서 화상 모임에 참가하는 방법은 다음과 같다. 설치된 팀즈 앱으로 가서 오른쪽 하단에 있는 [메뉴(…)] → [Calendar(일정)] → 예약된 모임에 [참가] 버튼을 클릭하면 된다.

세 번째 방법은 컴퓨터의 앱 버전과 웹 버전을 동시에 활용하는 것이다. 이것 역시 같은 아이디로 앱과 웹에 동시 접속할 수 있다는 점을 이용한다. 예를 들어 '앱'에서는 학급 전체 모임을 시작하고(다음 첫 번째 그림), 인터넷에 접속한 웹에서는 4개의 화상 모임에 참가한다(다음 두 번째 그림). 모둠 활동이 끝나면 학생들에게 학급 전체 모임으로 이동하도록 안내하고, 교사는 웹에서 나가면 된다.

앱 버전

웹 버전

2.2 모둠 토의: [채널] 활용하기

[채널]에 대한 설명은 Chapter 2의 5.6 팀 안에 별도 채널 만들기에서 보았다. 이것을 잘 활용하면 팀을 효율적으로 운영할 수 있는데, 모둠 활동에 적용해보자. [채널]에서는 화상 모임, 문서 공유, [위키](수업용 전자 필기장의 일부)를 이용한 협업 등이 가능하므로, 모둠 활동으로 유용하게 쓰일 수 있다. 채널 활용 시, 기억할 것은 팀을 만들었을 때 기본적으로 생성되는 '일반' 채널에서 할 수 있는 활동 중 일부는 할 수 없다는 점이다. 예를 들어 [과제], [성적] 탭은 [일반] 채널에서만 볼 수 있으므로, [과제] 탭에서 만들어지는 과제를 각각의 [채널]에서 따로 제시할 수는 없고, 팀의 구성원들은 모두 [일반] 채널에서 과제를 수행해야 한다. 다음 그림은 [채널]의 예와 메뉴다.

그림 3-25 채널에 적용되는 메뉴

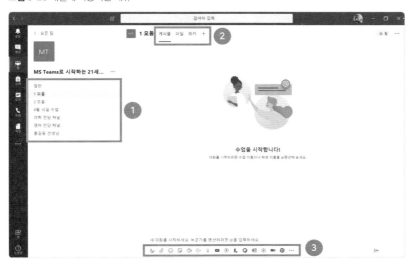

1. 팀 내에서 만들어진 모든 채널을 볼 수 있다.

2. 채널 내에서 볼 수 있는 탭이다. [일반] 채널에서 볼 수 있는 메뉴와 비교할 때 [과제], [성적] 탭이 없다.

3. 게시물 탭은 [일반] 채널의 [게시물]과 기능이 같다. 여기서 공지 안내와 파일 전송 등이 가능하다.

[채널] 내의 게시물을 이용하면, 모둠원끼리만 대화, 화상 모임, 파일 주고받기 등을 할 수 있다. 모둠원끼리의 의사소통을 위해 [채팅]을 활용할 수도 있다.

2.3 모둠 쓰기: [파일] 탭 활용하기

채널에서 만든 문서는 별도의 과정 없이 구성원들에게 공유하고 함께 작업할 수 있어서 모둠 활동에 더없이 좋다. 앞에서 본 바와 같이 [게시물]에서 파일을 주고받을 수도 있으나, 문서(워드, 엑셀, 파워포인트 등) 프로그램을 활용하면 협업 활동에 더 효과적이다.

[파일] 탭의 메뉴는 다음 그림과 같다. [새로 만들기]를 클릭하여 모둠이 협업하여 함께 작성하는 문서를 작성할 수 있다.

그림 3-26 [파일] 탭 살펴보기

[새로 만들기]를 클릭하여, 이용하고자 하는 프로그램(예: 파워포인트)을 선택하면 파일 이름을 쓰는 팝업 창이 열린다. 이름을 작성하고 [만들기]를 클릭하면 파워포인트 프로그램이 별도로 열리지 않고 팀즈 안에서 파일이 열린다. 모둠 활동을 위해 교사가 미리 만들어 둘 수도 있고, 학생들에게 각 모둠 채널에서 만들도록 안내해도 좋다.

그림 3-27 [파일] 탭에서 파워포인트 새로 만들기

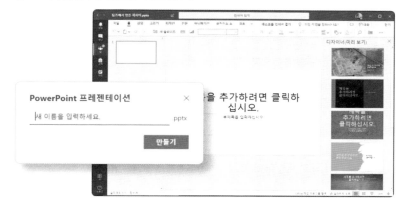

이렇게 팀즈에서 파일을 만들면, 컴퓨터에 설치된 프로그램이 아닌 웹상에서 여러 학생이 공유하여 작업하는 것이므로 사용자들의 실시간 작업 내용이 보인다. 다음 그림은 3명의 사용자가 엑셀 파일에서 함께 작업 중이며, 색이 다른 박스는 서로 다른 사용자가 접속하여 작업 중이라는 것을 나타낸다. 교실에서의 조별 학습의 단점인 무임승차자(맡은 업무를 하지 않고, 타인의 업무나 성과에 묻혀가는 사람을 일컬음)나 일벌레 학생이 나타나는 것을 어느 정도 막을 수 있다.

그림 3-28 엑셀에서 협업하는 장면

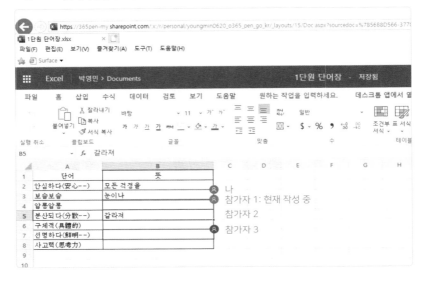

2.4 모둠 쓰기: [위키] 탭 활용하기

[채널]의 탭 중 [위키]를 열어보면 OneNote(원노트)가 실행된다. 이 노트의 이름은 [채널]의 이름을 이용하여 자동 생성되는데(**그림 3-29**의 1번), 다음 그림의 노트 이름은 '1 모둠_Notes'로 자동 생성된 것을 확인할 수 있다. 여기에 [+페이지]를 눌러 페이지를 추가할 수 있다. 모둠 활동마다 이 [위키]를 활용하면 모둠 활동의 모든 기록이 담긴 포트폴리오가 완성된다. 다른 문서 프로그램(워드, 아래아 한글)과 달리 이 노트는 빈 페이지의 원하는 곳 어디서든 쓰기를 시작할 수 있다. 워드 프로그램을 활용하여 실시간 모둠 글쓰기를 하면 모든 학생이 첫 줄부터 타이핑을 시작하는 경향이 있어, 모둠원끼리의 명확한 약속 없이는 혼란을 겪는 경우가 많다. 이에 반해 원노트에서는 복수의 학생이 충돌하지 않고 곳곳에서 쓸 수 있으므로, 실시간 모둠 활동에서의 큰 장점이 된다.

그림 3-29 [위키] 탭 살펴보기

모둠 활동한 [위키]의 내용을 전체 학급에 공유하기

[위키]에서 모둠별로 활동한 내용은 별도의 절차나 알림 없이 즉각적으로 다른 학생들과 공유된다. 이것은 [채널]에 있는 [위키]가 [일반] 채널에 있는 [수업용 전자 필기장]의 한 부분이기 때문이다. [수업용 전자 필기장]의 [Collaboration Space]를 열어보면, 하위 채널의 [위키]에서 작성한 내용을 확인할 수 있다. [섹션]이나 [페이지]를 잘 구성하여 주제별, 모둠별로 운영하면 훌륭한 모둠 및 학급의 포트폴리오가 된다([수업용 전자 필기장]의 자세한 설명 및 활용법은 Chapter 4의 1.1 수업 디자인하기 참고).

3. 비실시간 개별 학습

비실시간 수업이나 학습은 교사와 학생이 동시에 인터넷에 접속하지 않고 정해진 시간 내, 교사가 부여한 학습 내용을 학생들이 원하는 시간에 확인하고 수행하는 학습 형태를 말한다. 비실시간 수업 흐름의 예는 다음 그림과 같다.

그림 3-30 비실시간 개별 학습 흐름도

우선 교사가 학습 자료와 과제를 미리 제시한다. 학생은 기한 내에 자신이 원하는 시간에 과제를 수행하여 [제출]한다. 교사는 학생들이 수행한 학습 내용에 대한 [피드백]을 쓰고 필요한 경우 [채점]을 한다. 이때 교사의 피드백 제공과 채점은 각 학생이 과제를 제출할 때마다 이루어질 수도 있고, 학급 전체 학생들이 제출을 완료한 후에 이루어질 수도 있다. 과제 [반환](학생에게 채점이 완료된 과제를 돌려줌) 역시 학생 개개인의 채점이 완료되었을 때 할 수도 있고, 한 학급 전체에게 한 번에 할 수도 있다.

팀즈의 [채팅]과 [과제] 기능을 활용한 비실시간 개별 학습 방법을 알아보자.

과제 수행과 반복 피드백으로 학생의 성장 돕기

과제 [제출]과 [반환]의 과정은 반복될 수 있는데, 과제 수행에 있어 여러 차시가 필요한 경우 활용하면 좋다. 과정을 반복하는 이유는 학생들이 수업시간 외에 과제 수행을 하지 않도록 하기 위함이다. 학생이 과제를 [제출]한 이후에는 과제를 수정할 수 없고, 교사가 과제를 확인한 후 [반환]하면 그제서야 학생은 다시 과제를 수정할 수 있다.

3.1 학습 자료 제공 및 학생 과제 제출: [과제] 활용하기

팀즈는 [과제]를 제출하고 채점하며, 성적을 관리하는 데 있어 매우 효율적으로 구성되어 있다. 때문에 개별 학습에 필요한 학습 자료 제공 및 학생의 과제 제출에 적합하다. 학습 자료 제공 측면에서의 장점이 여러 개 있는데 우선, [리소스 추가] 버튼으로 다양한 멀티미디어를 제시할 수 있으므로 개별 학습을 위한 학습 자료 제공 방법으로 적절하다. 이때 복수의 자료를 제공할 수 있다. 둘째, [할당 대상]의 두 가지 옵션을 잘 활용하면, 여러 팀의 학생에게 동일한 과제를 제시할 수도 있고 현재 팀의 개인에게 서로 다른 과제를 제시할 수도 있다. 진정한 개별 학습을 할 수 있는 환경이 기술적으로 만들어지는 것이다. 셋째, [루브릭(채점 기준)]을 추가하여, 채점이 아주 수월하다. 넷째, 한 학기 동안 제시한 여러 가지 과제를 [성적] 탭에서 한눈에 확인해 볼 수 있고, 모든 결과는 엑셀로 다운받아 활용할 수 있어서 수업 평가기록 일체화에 도움 된다.

한편, 과제 제출의 측면에서는 다음과 같은 장점이 있다. 첫째, 다양한 멀티미디어로 과제를 제출할 수 있다. 텍스트뿐만 아니라 오디오 파일이나 이미지, 동영상 등을 제출할 수 있으므로, 학생의 학습 스타일에 맞춰진 학습이 가능하다. 학생들이 과제를 할 때 오피스 프로그램(워드, 엑셀, 파워포인트 등)의 경우, 따로 프로그램을 열지 않고도 팀즈 내에서 작업이 가능하므로 편리하다. 둘째, 교사가 제시한 [루브릭]을 학생들이 볼 수 있으므로, 채점 기준을 보고 과제 수행에 필요한 항목이 무엇인지, 어느 정도의 수행을 기대하고 있는지를 구체적으로 알 수 있다. 셋째, 교사의 피드백(메시지)이 빠르게 전달될 수 있도록 구성되어 오프라인 학습에서 힘들었던 즉각적인 피드백을 실현할 수 있다. 이는 곧 학생의 성장을 돕는 방향으로 나아간다.

우선 [과제] 기능을 활용하기 위해 메뉴를 자세히 알아보자. 다음 그림처럼 [과제] 탭을 선택한 후, [만들기]를 누르면 [과제], [퀴즈], [기존] 중 선택할 수 있는 메뉴가 나타난다. 이때 새로운 과제를 제시하려면 [과제]를 선택한다.

그림 3-31 [과제] 탭 살펴보기

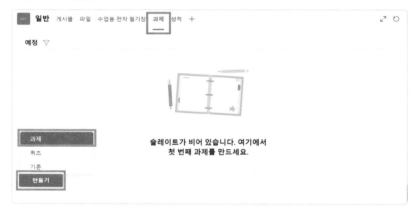

과제 만들기 팝업 창이 나타나면 모든 선택사항을 선택한 후 [저장] 또는 [할당](학생에게 과제 부여)한다.

1. **제목과 범주:** 제목을 상세하게 적어두면 분류하기가 수월하고, 추후에 재활용할 때 구분하기 편하다. 범주(태그)를 활용하면 분류가 더 수월해진다. 예를 들어, 2명 이상의 교사가 함께 한 팀에서 과제를 낸다면, 교사 이름으로 범주를 구분할 수 있다.

2. **지침 및 리소스:** 지침에는 과제를 수행하는 방법을 적는다. 리소스 추가를 눌러 인터넷 링크나 문서 등 멀티미디어를 추가할 수 있다.

3. **포인트 및 루브릭 추가:** 포인트 칸에 배점을 적는다. [루브릭 추가]를 눌러 평가 기준을 입력한다. 추후에 채점할 때 도움 된다.

4. **할당 대상:** 과제를 제시할 팀을 선택한다. 이 메뉴에서 여러 팀(학급)에 동시에 과제를 제시할 수 있다.

5. **대상 학생:** 한 팀(학급) 내에서 모든 학생에게 과제를 부여하는 것이 보통이나, 일부 학생만을 선택하여 과제를 부여할 수도 있다.

6. **날짜 기한:** 날짜와 기한을 조정하여 마감일이 지나면 제출을 막을 수도 있고, 감점되더라도 마감일 이후에 제출할 수 있게 할 수도 있다.

7. **저장 또는 할당:** 지금 당장 과제를 부여하지 않는다면, [저장] 버튼을 누른다. 저장된 과제는 [과제]의 [초안]에 가면 찾을 수 있다. 학생들에게 과제를 부여하려면 초안에 있는 저장된 과제를 선택하여 [할당]을 누르면 된다.

[과제] 탭 활용 팁

[범주 추가]를 하면 과제 옆에 태그가 붙는다(다음 그림에서 선생님 A, 선생님 B). 과제가 많이 쌓일 때 범주로 관리하면 편하다.

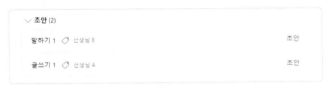

다음은 [리소스 추가]를 했을 때 나타나는 화면이다. 과제를 수행하는 데 필요한 자료와 학생들이 작성할 문서를 모두 추가할 수 있다.

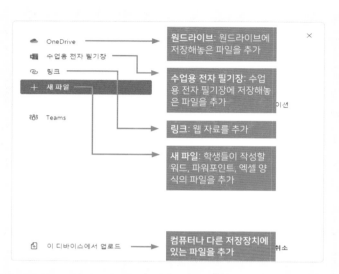

학생들이 작성할 문서를 추가하고 싶을 때는 [리소스 추가] → [새 파일] → 원하는 종류의 파일을 추가(워드, 엑셀, 파워포인트 중)하면 된다. 이때, 학생 각자의 파일이 생성되어 과제를 할 수 있도록 해야 한다. 다음 그림에서 현재 '자기소개하기' 파일은 [학생들이 편집할 수 없음]으로 되어 있다. 이것을 학생들이 편집할 수 있도록 바꾸려면 오른쪽에 있는 메뉴[…] 버튼을 클릭하여 [학생이 자신의 복사본 편집]을 선택하여 저장한다.

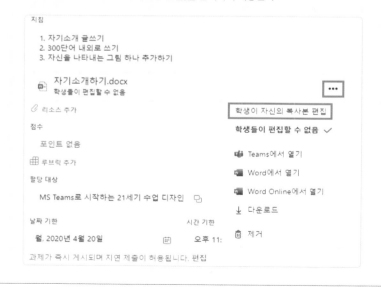

과제를 나눠주는 [할당], 학생들이 제출하는 [기한 날짜], 기한은 지났더라
도 교사에게 제출할 수 있는 [만료 날짜]를 상세하게 정할 수 있다. 학생들
이 과제를 미리 볼 수 없도록 하려면 과제를 만드는 즉시 [할당]하지 말고,
다음 그림과 같은 팝업 창에서 시간을 정해둔다. 학생들이 늦게 제출한 과
제를 받을지 말지 여부는 교사의 과제 정책에 따라 정하여 설정한다. 제출
기한을 넘긴 늦은 과제에 감점을 부여한 후 받으려면 만료 시간을 기한보
다 늦게 설정하면 된다.

그림 3-32 과제 할당, 기한, 만료 날짜 정하기

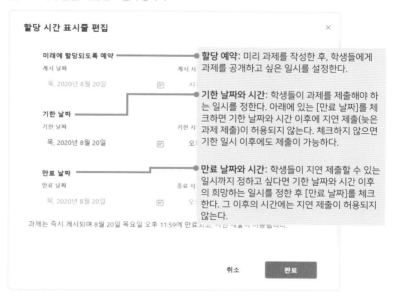

교사와 학생 모두에게 도움이 되는 [루브릭]을 설정하는 화면은 다음과 같
다. [루브릭]은 계속 재활용할 수 있으므로, 제목을 포함하여 꼼꼼하게 작성
해두면 편리하다. 점수를 부여할지 말지 여부 또한 정할 수 있으므로, 피드
백 제공에 초점을 맞춘 과제를 부여할 때도 좋다. 점수를 부여하는 경우, 루

브릭에 따라 학생 과제의 '상, 중, 하' 수준만 정하고 클릭하면 자동 채점이
되므로 교사의 업무를 경감해 준다.

그림 3-33 루브릭(채점 기준) 정하기 (번호는 설정 순서임)

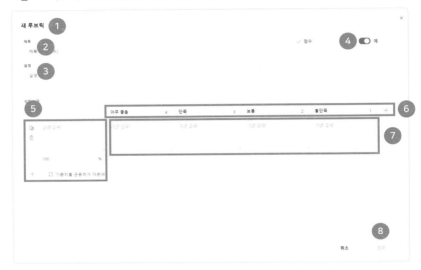

1. **루브릭**: 평가 기준

2. **제목**: 평가 기준의 제목을 입력한다. 평가 기준의 정보를 구체적이고 알기 쉽게 적어두면 재
   활용하기 쉽다(예: 설득하는 글쓰기 평가 기준).

3. **설명(옵션)**: 평가 기준에 대한 설명을 메모해둔다.

4. **점수 스위치**: 점수를 부여하고 싶은 과제일 경우, [예], [아니오] 중 [예]를 선택한다.

5. **평가 항목**: 평가하고자 하는 항목을 설정한다(예: 내용, 태도, 문법 등). 하단 [+] 버튼을 눌러
   항목을 추가한다. [가중치를 균등하게 재분배]를 선택하면 모든 항목에 같은 비율로 점수가
   부여된다. 혹은 원하는 비율을 항목 하단에 %로 입력한다.

6. **평가 기준**: 평가하고자 하는 단계(예: 상중하)를 설정한다. 오른쪽 [+] 버튼을 눌러 기준을
   추가하거나, 해당 기준을 눌러 삭제하여 원하는 단계 수준을 설정한다.

7. **평가 기준 세부사항**: 평가하고자 하는 항목별, 기준별 세부 사항을 입력한다.

8. **첨부**: 평가 기준 작성이 끝나면 과제에 평가 기준을 [첨부]한다.

다음은 학생들에게 보이는 과제 화면이다. 참고 자료(리소스)로 '선사시대-1차시' 링크가 연결되어 있다. 유튜브 영상 혹은 다른 웹 자료인 것으로 보인다. 학생들이 제출해야 할 과제는 [내 작업]에 워드 파일 '한국사-1차시(선사시대)'로 주어져 있다. 학생들이 주어진 워드 파일이 아닌 다른 파일(이미지, 동영상, 아래아 한글, pdf 등)로 제출하고자 한다면 [+작업 추가] 버튼을 클릭하여 제출하면 된다. 다음 그림에서는 기한이 지난 과제이므로 [지연제출]이라는 버튼이 보이는데, 기한이 지나지 않았다면 [제출] 버튼으로 되어 있다. 이 버튼을 클릭하여 과제를 제출하면 된다.

그림 3-34 학생에게 보이는 과제 화면

[과제]나 [성적] 탭에서 해당 과제를 선택하면 학생들의 수행 여부와 제출 현황을 알 수 있다. [과제] 탭에서는 학생들의 명단이 보이며 피드백을 쓸 수 있는 메뉴도 있다. [과제] 탭에서 제출된 과제를 클릭하거나, [성적] 탭에서 제출된 학생의 [제출됨]에 마우스를 가져가 메뉴를 클릭하여 [열린 학생 작업][5]을 선택하면 학생들의 과제를 볼 수 있다.

5　열린 학생 작업: 'Open Student Work'가 잘못 번역된 것으로, '학생 과제 열기'로 이해하면 된다.

그림 3-35 채점 및 피드백 쓰기

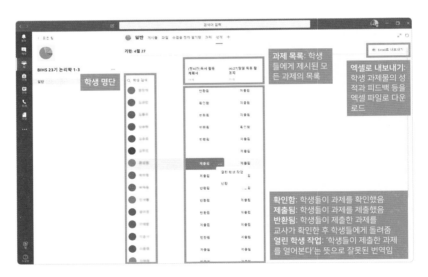

학생들이 제출한 과제는 다음 그림처럼 보인다.

그림 3-36 학생 과제 채점 및 피드백 작성

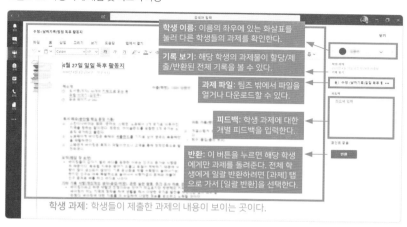

팀즈에서의 채점은 교사의 업무 경감 차원에서 우수하다. 앞선 그림에서 왼쪽엔 학생들의 과제가 크게 보이고, 오른쪽에는 학생 명단, 피드백, 루브릭 등이 보여 클릭 몇 번으로 채점할 수 있다. 학생별 채점이 끝난 후 [반환]을 클릭하여 채점 결과를 돌려줄 수도 있고, 전체 학생들의 채점이 끝난 후 '일괄 반환'할 수도 있다. 일괄 반환의 경우 [과제] 탭에서 채점이 끝난 학생들을 선택하여 [반환] 버튼을 클릭하면 된다.

그림 3-37 학생 과제 일괄 반환

과제 재활용

[과제]를 재활용할 수 있으면 교사의 업무가 경감된다. 예를 들어, 학년도가 바뀐 후에 같은 교과를 다시 가르치게 되었을 때도 그 전의 과제를 다시 사용할 수 있다. [과제] → [만들기] → [기존]을 선택하면 자신의 모든 팀에서 할당했던 모든 과제를 원하는 대로 선택하여 재활용할 수 있다.

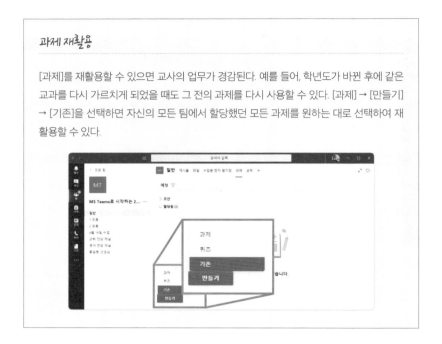

3.2 학습 과정 돕기: [채팅] 활용하기

[채팅]은 과제 자체를 완성하는 곳은 아니나, 과제를 수행하는 과정에서 필요한 의사소통을 할 수 있는 도구이다. [채팅]에서 학생들은 과제를 수행하는 중에 교사에게 개별적으로 질문하거나, 반 친구들과 채팅방(2인 또는 다수)을 만들어 서로 대화(문자, 파일 전송, 화상 모임 등을 이용)할 수 있다. 이는 팀즈의 장점 중 하나로, 과제를 수행하는 도구(과제, 수업용 전자 필기장 등)와 의사소통을 하는 도구(채팅)가 함께 있어서 과제를 효율적으로 수행할 수 있다. 다음은 [채팅]을 이용한 과제 수행 과정의 예시이다.

그림 **3-38** [채팅] 살펴보기

채팅을 시작하기 위해서는 팀즈의 왼쪽 상단에 있는 채팅 시작 아이콘(📝)
을 클릭한 후 대화 상대의 이름을 적으면 된다.

4. 비실시간 협업 학습

교사는 학습 자료와 과제를 제시하고 학생들이 수행할 일정한 시간을 준
다. 학생들은 본인이 가능한 시간에 과제를 수행한다. 이때 과제에 접속하
는 횟수는 따로 지정되지 않고, 학생의 집중력이나 수행 속도에 따라 달라
질 수 있다. 유사한 방식으로 교사가 과제 대신 토론 주제를 제시하고 학생
들은 원하는 시간에 자신의 생각을 주고받는다. 교사는 정해진 시간이 지
난 후 학생들의 수행 결과를 확인하고 피드백을 제공한다. 다음 그림은 비
실시간 협업 과정의 예를 보여준다.

이 방법의 장점은 생각하거나 수행하는 속도가 느려서, 평소에 협업이나
토론 활동에 참여하기가 쉽지 않았던 학생들의 수업 참여 기회를 늘어나게
해준다는 점이다. 다만, 수행 과정을 직접 관찰할 수는 없어서 과정 평가로
실시할 수는 없다.

그림 3-39 비실시간 협업 과제 수행 및 토론 흐름도

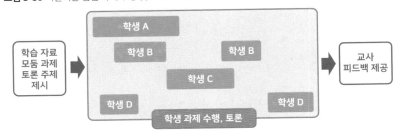

4.1 비실시간 문서 협업: [버전 기록] 활용하기

팀즈 내 문서는 컴퓨터에 설치된 Office 365 앱(엑셀, 워드, 파워포인트)으로 사용하는 것이 아니라, 웹에서 사용하는 것이다. 따라서 언제든지 주소를 공유하여 여러 사용자와 함께 한 문서를 작성할 수 있는 특징이 있으므로 비실시간 협업 도구로 활용하기에 적절하다. 비실시간 협업을 위해서는 실시간 협업과 같은 방법으로 문서 파일을 만든다. 앞서 [채널]의 [파일] 탭에서 문서를 [새로 만들기]하여 협업 문서를 작성한 것처럼 비실시간 협업도 같은 방법으로 파일을 만들면 된다.

실시간 협업의 경우 모둠원들의 작업 장면이 실시간으로 보인 것(**그림 3-28**)과는 달리, 비실시간 협업의 경우 모둠원들이 서로 다른 시간에 접속하면 다른 모둠원이 작업하는 장면을 볼 수가 없다. 이때 교사의 고민은 모둠 활동에서 '학생들이 각각 어떤 역할을 했는지, 과연 어떻게 알 수 있을까?'이다. 이럴 때 Office 365 앱의 [버전 기록]을 활용하면 쉽게 확인할 수 있다.

그림 3-40 Office 365 앱의 버전 기록 확인하기

버전 기록을 보기 위해서는, 워드나 엑셀 등의 문서의 메뉴 탭에서 첫 번째 메뉴인 [파일]을 클릭하고 상단에 있는 [정보] → [버전 기록]을 선택한다. [버전 기록]을 선택하면 문서 내용 오른쪽에는 이 문서에 접근하여 작업한 구성원의 이름과 작업한 시간이 나타난다. 각 구성원은 서로 다른 색깔로 표시된다. 각각의 이름을 클릭하면 구성원이 그 시간에 작업한 내용이 구

성원의 색깔과 동일한 색으로 표시된다. 예를 들어 앞 그림에서 3월 17일 1시 02분에 김〇〇가 작업한 내용은 엑셀에서 김〇〇의 색인 분홍색 박스로 표시된다. 마찬가지로 4월 23일 11시 16분에 박〇〇이 작업한 내용은 박〇〇의 색인 파란색 박스로 표시된다.

이 기능을 활용하면 모둠 활동에서 각 학생이 어느 정도의 역할을 했는지 쉽게 알 수 있어, 모둠 활동에서의 무임승차자와 일벌레 학생이 생기는 것을 어느 정도 막을 수 있다.

Office 365의 엑셀 문서 공유하는 방법

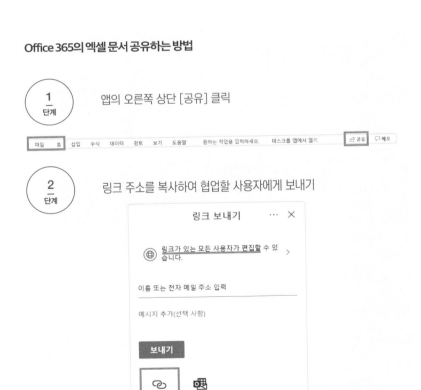

4.2 비실시간 토론: [게시물] 활용하기

팀이나 [채널]의 [게시물]을 통해서도 다양한 미디어를 공유하며 토론할 수 있다. [게시물]도 [채팅]과 마찬가지로 과제 수행 과정에서 의사소통을 돕는 도구이다. 메시지를 주고받거나, 파일이나 링크를 공유하고, 화상 모임을 진행하여 의사소통할 수 있다. [게시물]의 대화 내용은 대화하는 대상 끼리만 대화 내용이 보이는 [채팅]과 달리, 팀의 모든 구성원에게 보인다. 이러한 특징을 잘 활용하면 모든 학생과 공유할 만한, 특정 학생의 질문이나 대화 내용을 손쉽게 모두에게 알릴 수 있다. 타인의 질문이나 사고 과정을 보는 것도 좋은 배움의 기회이다.

그림 3-41 [게시물]에서 토론하는 모습

4.3 설문지 공동 제작: [폼즈] 활용하기

구글 폼이나 네이버 폼과 같은 역할을 하는 오피스 도구로는 오피스 폼즈가 있다. 설문지를 작성하여 결과를 수집하고, 퀴즈를 만들어 자동 채점할 수 있다는 점에서 타사의 폼, 설문지와 유사하다. 또한 여러 명의 작성자가 하나의 설문지나 퀴즈를 공유하여 함께 설문지 및 문항을 만들 수 있다는 점도 비슷하다. 팀즈에서 오피스 폼즈로 협업하면 구성원들의 접근이 아주 쉽다는 장점이 있다. 다음은 학생들이 협업으로 설문지를 만드는 과정이다.

그림 3-42 설문지 작성하는 탭을 추가하기

상단의 [탭 추가] 버튼([+])을 클릭하면 추가할 수 있는 앱을 보여주는 팝업 창이 나타난다. 이때 'Forms'를 선택한다. 이것이 오피스 폼즈이다. 다음 팝업 창에서 첫 번째 메뉴 [팀이 편집하고 결과를 볼 수 있는 공유 양식을 만듭니다.]를 선택한다(두 번째 [기존 양식 추가]는 Chapter 4 참고). 양식 이름을 적고 진행하면 탭에 [편집 | 설문 제목]이 추가된 것을 확인할 수 있다. 별도로 오피스 폼즈 프로그램에 접속하지 않고, 팀즈에 로그인만 하면 협업해서 만드는 설문지에 접근할 수 있으므로 협업 활동에 적절하다. 구성원 모두 설문에 있는 [+ 새로 추가]를 클릭하여 문항을 추가할 수 있다. 비실시간으로 진행되는 것이므로, 학생들이 다른 학생들이 만든 문항을 고민하고 수정하며 함께 만들어가는 데 의의가 있다. 완성된 후 교사와 의논하여 최종본을 만들면 된다.

이 작업은 모든 [채널]에서 가능하기 때문에, 학급 전체가 함께 만들 수도 있고 모둠별로 작업할 수도 있다. 다음은 완성된 설문지를 응답자들에게 보내는 과정이다.

그림 3-43 완성한 설문지 보내기

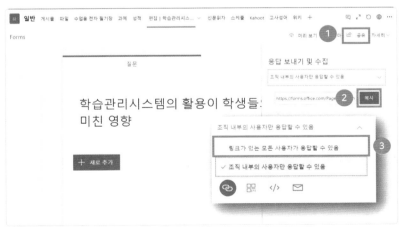

오른쪽 상단에 있는 [공유]를 클릭하면 다양한 공유 방법이 나타난다. 설문지에 대한 응답을 받는 링크는 바로 [복사] 버튼을 클릭하여 공유하고 싶은 곳(예: 메신저, 이메일 등)에 붙여넣으면 된다. [조직 내부의 사용자만 응답할 수 있음]이 기본으로 설정되어 있는데, 같은 이메일 도메인을 소유한 사람들 (예: ***@o365.pen.go.kr 형태의 이메일을 소유한 사람들)만 설문에 응할 수 있다는 뜻이다. 그렇지 않고 설문지 링크가 있으면 누구나 응답할 수 있도록 하려면, [조직 내부의 사용자만 응답할 수 있음]의 오른쪽에 있는 화살표를 클릭하여 [링크가 있는 모든 사용자가 응답할 수 있음]으로 바꿔 선택하여 링크를 복사하면 된다. 이렇게 하면 학부모, 다른 학교의 교사와 학생들 등 같은 도메인의 이메일을 소유한 사람이 아니더라도 설문지에 응답할 수 있다.

응답 결과 역시 같은 곳에서 확인할 수 있다. 설문지의 [응답] 탭을 클릭하면 응답 결과를 요약된 형태, 즉 시각 자료로 볼 수 있다. 데이터가 필요하면 [Excel에서 열기]를 선택하여 엑셀 형태로 내려받으면 된다.

그림 3-44 팀즈 탭에서 응답 결과 보기

설문 함께 만들기 활용법

설문 함께 만들기로 다음과 같은 활동을 할 수 있다.

- 자기 평가나 동료 평가에 필요한 문항을 만드는 활동
- 설문지 작성법을 배우고 실제 설문 문항을 함께 만드는 활동

설문 만들기와 마찬가지로 응답을 받는 것과 응답 결과의 시각 자료를 보는 것도 팀즈의 탭에 추가하여 모두가 실시간으로 확인할 수 있다.

Chapter 3에서는 학습관리시스템으로서 팀즈의 수업 방식을 크게 4가지 (실시간 화상 수업, 실시간 모둠 수업, 비실시간 개별 학습, 비실시간 협업 학습)로 나누어 각각의 수업 방식에서 사용하는 기능을 예시와 함께 살펴보았다. 팀즈의 기본적인 도구(게시물, 파일, 과제 등)만 사용하더라도 이 4가지의 수업 방식을 충분히 실현할 수 있다. 각각의 기본 기능을 익혀 수업을 진행해 보자. 이 챕터에 소개된 도구들의 다른 기능을 활용하면 더 많은 방식의 수업이 가능한데(예: 말하기, 동료 평가 등), 이어지는 챕터에서 자세하게 설명하도록 하겠다.

MS 팀즈 수업 디자인

Chapter

12

기본이 탄탄한 팀즈
수업 디자인

Chapter 04 기본이 탄탄한 팀즈 수업 디자인

앞 챕터에서 팀즈에서 가능한 기본적 수업 방식 4가지에 대해서 살펴보았다. 학습관리시스템에서의 의사소통이 갖는 특징인 실시간성과 비실시간성을 적절히 활용하여 실시간 또는 비실시간으로 진행하는 수업, 그리고 팀즈의 기본 기능을 활용한 강의식 또는 모둠 활동을 하는 수업 방식이었다. 각 수업 방식은 다양한 조합으로 실현될 수 있다. 이번에는 수업을 보다 다양하게 디자인하는 방법을 알아본다. 물리적인 교실에서 주어진 교과서를 교사가 가르치는 교수 설계[1]와 학습관리시스템을 활용하여 학생들의 학습 경험을 설계하는 것[2]은 같을 수 없다. 학습관리시스템에서 학습 경험을 설계할 때에는 각 학습자에게 필요한 자료를 제공하되, 관련 없는 자료는 포함하지 않고[3] 조화로운 멀티미디어[4]를 사용하길 권장한다. 또한, 학습의 개별화를 제공하며 학생이 성장할 수 있도록 원활한 피드백이 제공되어야 한다. 더불어, 학습자들이 자신의 학습 과정에 권한과 책임감을 가질 수 있

---

1   교수 설계(Instructional Design): 목표로 하는 학습 내용을 학습자들이 잘 배울 수 있도록 하려면, 어떤 방법으로 가르칠 것인지를 결정해 나가는 과정이다(Smith & Ragan, 2004). (출처: Smith, P. L., & Ragan, T. J. (2004). Instructional design. John Wiley & Sons.)

2   학습 경험 설계(Learning Experience Design, LXD): 학습자들이 목표로 하는 학습 결과를 학습자 중심의 방식으로 이룰 수 있도록 하는 학습 경험을 구성하는 과정이다(Baird & Fisher, 2005). (출처: Baird, D. E., & Fisher, M. (2005). Neomillennial user experience design strategies: Utilizing social networking media to support "always on" learning styles. Journal of educational technology systems, 34(1), 5-32.)

3   온라인에서 너무 많은 자료가 제시되거나, 각종 하이퍼링크로 학생들의 관심이 쉽게 다른 곳으로 옮겨갈 수 있으므로 조심해야 한다.

4   멀티미디어: 한 가지 이상의 표현 방식이나 의사소통 방식(텍스트, 오디오, 이미지, 애니메이션, 비디오, 사용자 반응형)을 이용한 콘텐츠를 말한다.

는 장치가 있어야 한다.

다음 그림은 이러한 학습 경험 설계와 이에 필요한 팀즈 기능을 수업 흐름에 따라 보여준다.

그림 4-1 팀즈에서 다양한 수업 및 학습 활동

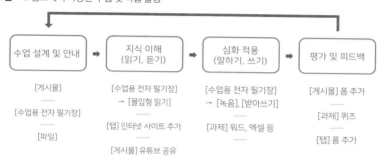

우선 교사는 수업이 어떻게 진행될 것인지 디자인하여 학생들에게 그 흐름을 안내한다. 이 단계는 수업이 흐름에 필요한 멀티미디어나 팀즈의 도구로 연결되는 하이퍼링크를 포함한다. 수업을 디자인하는 도구로는 [수업용 전자 필기장]이 적합하다. 개별 수업을 디자인할 수 있을 뿐만 아니라 한 학기나 한 학년 동안의 모든 수업 디자인을 체계적으로 보관할 수 있기 때문이다. 또한 교사의 수업 디자인을 전체 학생에게 쉽게 배포할 수 있다. 그리고 수업이나 학습 자료는 [수업용 전자 필기장]이나 [파일]에 보관하여 학생들이 언제든 접근할 수 있도록 한다. 훌륭한 수업 디자인이라 하더라도 학생들의 수업 참여도가 낮다면 소용없다. 학생들의 참여도를 높이는 첫 번째 방법은 수업 과정을 학생들이 분명하게 알도록 하는 것이다. 이를 위해 [게시물]의 기능을 십분 활용한다. 자세한 내용은 이어지는 1. 수업 디자인 절에서 살펴보자.

뒤이어 2~3절에서는 학생들의 학습 경험을 '지식과 이해', '심화 및 적용
활동', 두 가지로 나누어 살펴보자. 학생들이 기본적 지식을 이해하고 습
득하는 것을 돕기 위해 필요한 멀티미디어를 공유하는 방법, 이해한 것을
심화하고 적용하는 방법, 그리고 새로운 수업 디자인을 위해 수업과 학습
을 평가하고 피드백을 주고받는 방법 등이다. 여기서 소개되는 활동들을
Chapter 3에서 다룬 수업 방식에 적절히 녹여 활용하면, 실시간 강의, 실시
간 협업, 비실시간 개별, 비실시간 협업 이상의 다양한 수업을 실현할 수
있다. 이제 수업 디자인에 필요한 팀즈의 기능과 적용 방법을 자세히 살펴
보자.

1. 수업 디자인

학습 목표를 비롯한 수업의 흐름을 팀즈에 작성해 두면 교사는 수업을 체
계적으로 관리할 수 있고, 학생들이 수업에 집중하게 할 수 있다. [수업용
전자 필기장]이나 [게시물]의 [서식] 기능을 활용하여 작성할 수 있으며 [수
업용 전자 필기장]은 노트처럼 활용되므로, '수업 지도안'이나 '수업 안내'
섹션을 만들어 지속적으로 활용하면 교사 자신을 위한 수업 지도안 포트폴
리오를 갖게 된다. [게시물]은 각 팀에 입장했을 때 처음으로 보이는 화면이
므로 모든 학생에게 안내할 공지사항을 기록하기에 적절하다.

1.1 수업 디자인의 시작: [수업용 전자 필기장] 활용

팀을 생성했을 때 기본적으로 만들어지는 탭 중 하나가 [수업용 전자 필기
장]이다. [수업용 전자 필기장]은 정보를 체계적으로 정리하는 데 쓰이는

MS의 프로그램인 OneNote(원노트[5])를 팀즈 내에서 쓸 수 있도록 한 것으로, 온라인에서 쓰는 공책으로 이해하면 된다. 이 온라인 공책에는 교사가 나눠준 학습 자료를 학생들이 보기만 하는 공간(콘텐츠 라이브러리[6]), 학급 친구들과 함께 쓰고 지울 수 있는 공간(Collaboration Space[7]), 그리고 개인의 학습 활동을 기록하는 공간[8]으로 나뉘어 있다.

[수업용 전자 필기장]의 장점 중 하나는 텍스트, 이미지, 손글씨, 첨부 파일, 링크, 음성, 영상 등을 저장할 수 있어 수업 형태를 다양하게 디자인하여 보여줄 수 있다는 점이다. 특히 풍부한 [그리기] 기능을 포함하고 있어, 수식을 쓰는 등의 글쓰기가 필요한 학습 활동을 손쉽게 할 수 있다. 따라서 [수업용 전자 필기장]은 여러 교과목에서 과목의 특성에 맞게 수업을 디자인할 수 있는 공간이다.

[팀]을 처음 만들어 [수업용 전자 필기장]을 열면 다음 그림처럼 설정을 시작할 수 있다.

---

5   OneNote(원노트): 정보를 체계적으로 정리하는 Microsoft의 프로그램으로, 혼자서 혹은 협업하여 작업할 수 있다. 이 프로그램은 컴퓨터에 설치하거나 웹에서 바로 접속하여 사용할 수 있는데, 같은 아이디를 사용할 경우 동기화되어 편리하다. 수업용 전자 필기장은 바로 이 OneNote 프로그램을 팀즈의 수업과 학습 활동에 알맞게 최적화한 것이다. 수업용 전자 필기장은 컴퓨터에 설치되어있는 OneNote에서도 열 수 있어서 오프라인 상태에서 모든 장치에서 확인하고 작업할 수 있다. OneNote 프로그램은 o365에 포함되어 있다.

6   콘텐츠 라이브러리(Contents Library): 교사는 편집하고 수정하는 권한을 갖고 학생들은 보기 권한만 갖는 섹션이다.

7   Collaboration Space: 협업하는 공간. 모든 구성원이 편집하고 수정하는 권한을 갖는 섹션이다. 팀즈의 한국어 버전은 자동 번역된 결과의 용어를 그대로 쓰고 있어 번역이 완전하지 않은 메뉴도 있다.

8   학생 개인 노트: 각 학생에게 개인 노트가 생성되며, 하위 섹션으로 [과제], [수업 노트], [유인물], [퀴즈]가 기본 생성된다. 이 노트는 학생 본인과 교사만 볼 수 있다.

그림 4-2 수업용 전자 필기장 시작하기

[OneNote 수업용 전자 필기장 설정] 버튼을 누르면 새로운 팝업 창이 뜨는데 여기에서 섹션을 구성할 수 있다. 기본 구성된 섹션은 유인물, 수업 노트, 과제, 퀴즈이다. 오른쪽에 있는 [x] 버튼을 눌러 삭제하거나 아래 [+섹션 추가] 버튼을 눌러 새로운 섹션을 만들 수 있다.

추후에 수업용 전자 필기장 섹션 수정하기

[수업용 전자 필기장] → [수업용 전자 필기장] → [수업용 전자 필기장 관리]를 선택하면 다음 그림과 같은 메뉴가 보인다. 이 화면에서 섹션을 수정할 수 있다.

[수업용 전자 필기장]의 구성은 다음 그림과 같다. 원노트처럼 크게 세 가지 수준으로 구분되는데, 필기장, 섹션(상위 섹션과 하위 섹션으로 나뉨), 페이지 이다. 원노트에서는 이 세 가지 수준의 이름을 원하는 대로 정하면 되지만, 팀즈에서는 필기장, 섹션, 페이지 등 많은 부분의 이름이 정해져 있다.

첫째, 가장 상위 수준인 '필기장'의 이름은 그 팀의 이름이다. 둘째, 섹션의 경우 기본적으로 만들어지는 네 가지 섹션이 있다. [환영합니다], [콘텐츠 라이브러리], [Collaboration Space], 그리고 각 학생의 이름으로 되어 있는 섹션이다. 섹션에는 하위 섹션을 추가할 수 있다. 학생들 개인 섹션에 있는 하위 섹션은 기본적으로 **그림 4-2**에서 본 것처럼 교사가 처음 구성한 하위 섹션으로 만들어진다.

그림 4-3 수업용 전자 필기장 살펴보기

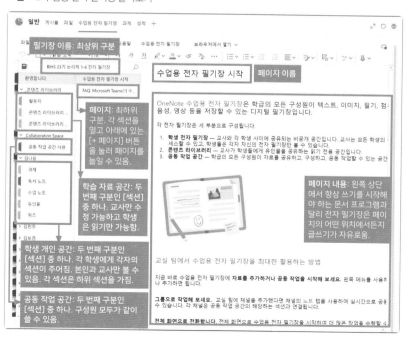

교사의 수업 디자인을 학생과 공유하면, 학생들도 수업의 로드맵을 가지고 수업에 참여하기 때문에 수업 진행의 효율성을 높일 수 있다. 따라서 [수업용 전자 필기장]에 작성한 수업 디자인을 학생들에게 배포하는 것을 추천한다. 그런데 여러 학급을 맡아 가르치는 경우, 각 학급에 따로 안내해야 해서 번거로울 수 있다. 이때 [수업용 전자 필기장]의 섹션을 여러 학급(팀)에 한 번에 나눠주는 기능을 활용한다. 이때 나눠지는 것은 교사의 학습 자료를 담는 [콘텐츠 라이브러리] 중 '하위 섹션'이다. 하나 또는 여러 개의 '하위 섹션'을 하나 또는 여러 개의 팀에 나눠줄 수 있다. 다음 그림처럼 [수업용 전자 필기장] → [수업용 전자 필기장] → [콘텐츠 라이브러리로 복사]를 선택하면 오른쪽에 공유하고 싶은 하위 섹션을 고르는 메뉴가 나타난다. 선택한 후 진행하면 공유할 하위 섹션의 복사본을 보낼 팀을 고르도록 하는 팝업 창이 나타난다. 원하는 팀을 선택한 후 [복사]를 클릭한다. 다음 그림은 'BIHS 23기 논리학 1-1'팀의 [콘텐츠 라이브러리]의 하위 섹션인 '2단원 학습자료'의 복사본을 다른 학급인 1-3과 1-6에 보내는 모습이다.

그림 4-4 여러 학급(팀) [수업용 전자 필기장]에 학습 자료 공유하기

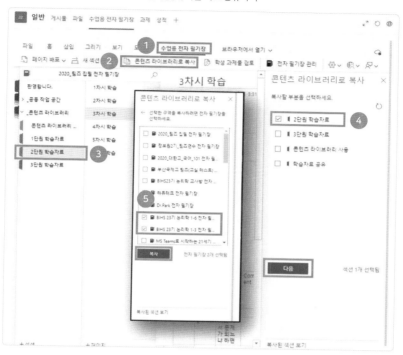

팀즈 내 전자 필기장 종류

1. [일반] 채널에 기본 생성된 [수업용 전자 필기장]: 팀의 기본 필기장으로 팀의 이름이 필기장의 이름이 된다.

2. [과제]에서 교사가 배포한 [수업용 전자 필기장]: 각 학생의 개인 공간에 저장된다. 개인 공간은 다른 학생들에게 보이지 않고 본인과 교사만 볼 수 있으므로, 교사 입장에서는 팀의 [수업용 전자 필기장]만 열면 모든 학생의 과제를 확인할 수 있다. 학생들은 자신의 것만 확인할 수 있다.

3. [일반] 채널 외의 하위 채널에 기본 생성된 [위키]: 팀 필기장의 [Collaboration Space] 아래 하위 섹션으로 포함된다. 팀의 여러 채널에서 [위키]를 사용할 경우, [일반] 채널의 [수업용 전자 필기장]을 열면 [Collaboration Space] 아래에 하위 채널의 이름으로 생성된 하위 섹션이 한꺼번에 보인다. 모두 동기화되므로, 각각의 채널에서 학습 활동한 내용을 팀의 기본 필기장에서 한눈에 확인할 수 있다.

4. 각 채널의 [파일]에서 [새로 만들기]한 [OneNote 전자 필기장]: 원노트 앱을 활용한 기능이므로, [수업용 전자 필기장]의 모습과 같으나, 팀의 [수업용 전자 필기장]와 별개이다. 이 [OneNote 전자 필기장]의 내용은 [일반] 채널의 [수업용 전자 필기장]을 열었을 때 보이지 않는다.

5. 채널에서 추가한 [위키]: '위키(Wiki)'란 여러 사용자가 내용과 체계를 함께 편집할 수 있는 백과사전식 사이트를 말한다. 주의할 점은, 하위 채널에 생성된 [위키]와 이름이 같지만, 다른 앱이라는 것이다. 원노트 앱을 활용한 것이 아니므로 [수업용 전자 필기장]이나 원노트 앱에서 열어볼 수는 없다. 위키(Wiki) 페이지의 모습을 갖추고 있어 학생들의 모둠 쓰기 활동 도구로 추천한다.

[수업용 전자 필기장]을 원노트 앱에서 열기

우선 컴퓨터에 설치된 원노트를 열어보자. 다음 그림과 같이 윈도우 검색창에서 'onenote'를 검색하면 설치된 프로그램을 확인할 수 있다. 처음 사용하는 경우, 팀즈에서 사용하는 o365 아이디와 비밀번호를 그대로 입력하여 사용하면 된다.

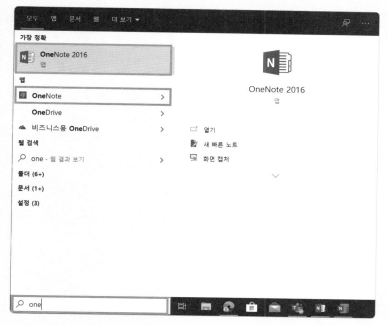

또는 웹에서 원노트를 사용할 수도 있다. https://www.onenote.com/으로 접속해보자.

이제 팀즈의 [수업용 전자 필기장]을 원노트에서 열면 된다. 다음 그림처럼 메뉴에서 [브라우저에서 열기] 또는 [앱에서 열기]를 선택하면 된다.

1.2 **학습 자료실: [파일] 활용**

수업 디자인을 [수업용 전자 필기장]에서 모아두는 것처럼, 학생들이 참고할 학습 자료도 한곳에 모아보자. 이렇게 하면 수업에 활용하기 편할 뿐만 아니라 학생들이 복습할 때 언제든 접근할 수 있어, 학생들의 성장을 도울 수 있다. 요즘 학습 자료는 텍스트(글자)뿐만 아니라 멀티미디어도 포함한다. 팀즈에서 멀티미디어 자료를 학생들과 공유하는 방법은 상당히 많다. 그중 [수업용 전자 필기장]과 [파일]을 이용하는 것이 대표적인 방법이다. 여기서는 모든 채널에 기본 생성된 [파일]을 활용해보자.

워드, 엑셀, 파워포인트 등의 파일을 [파일] 내에서 직접 작성하거나 이미 가지고 있던 자료를 업로드할 수 있다. 또한 여러 학급을 개별 팀으로 운영할 경우, 한 학급(팀)의 [파일] 링크를 복사하여 다른 여러 학급(팀)의 [파일]에 게시할 수 있다. 이렇게 하면 같은 파일을 여러 학급에 일일이 게시하는 수고를 덜 수 있다.

다음은 [파일] 탭의 메뉴이다.

그림 4-5 [파일] 탭 살펴보기

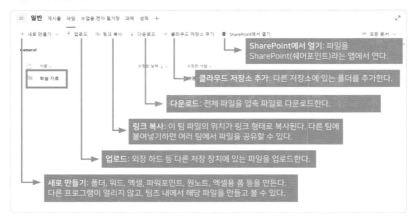

[파일] 내에 기본적으로 [학습 자료]라는 폴더가 제공된다. 이 폴더 안에 저장되는 파일은 학생들에게 보기 권한만 있고 교사만 수정할 수 있다. 다시 말해, 모든 학생과 공유되는 학습 자료를 학생의 실수로 삭제하거나 편집할 수는 없다는 뜻이다.

교사가 기존에 가지고 있던 파일을 학습 자료로 공유하려면 [업로드]를 선택한다. 혹은 [새로 만들기]를 선택하여 별도의 프로그램을 열지 않고 워드, 엑셀, 파워포인트 등의 파일을 팀즈 내에서 바로 만들어 공유할 수 있다.

여러 학급을 맡아 가르치는 경우, 학습 자료를 학급별로 업로드하는 일이 번거로울 수 있다. 이럴 때, 여러 학급에 자료를 한 번에 공유하면 되는데, [링크 복사]와 [클라우드 저장소 추가]를 활용한다. 예를 들어, 가르치는 학급이 1반에서 10반까지라고 할 때, 1반 [파일]의 [학습 자료] 폴더에 학습 자료를 업로드하면 2~10반의 학급팀에도 자동으로 업로드되도록 하는 것이다. 이 작업은 최초 한 번만 하면 되는데, 그 방법은 다음과 같다.

학습 자료의 기준이 되는 저장소(예: 1반팀의 [파일] 폴더)의 위치를 복사하기 위해 그 학급팀의 [파일]에서 [링크 복사]를 하면 팝업 창이 뜬다. 이때 [SharePoint]를 선택한 후 복사한다.

그림 4-6 자료 저장소 링크 복사하기

이제 나머지 학급의 [파일]에 기준이 되는 저장소의 위치를 붙여넣기하면
되는데, [클라우드 저장소 추가]를 선택하면 된다. 클라우드 저장소를 추가
하면 차례로 나타나는 팝업 창은 다음과 같다.

그림 4-7 복사한 자료 저장소 링크를 다른 팀의 [파일]에 추가하기

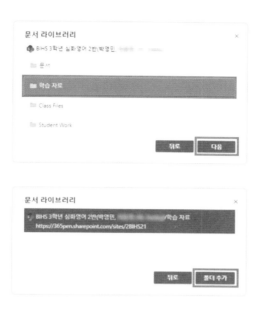

앞 그림처럼 [클라우드 저장소 추가] → [SharePoint] → [SharePoint 링크 사용] → [Library Url] 칸에 기준이 되는 팀(예: 1반팀)의 [파일]에서 [링크 복사]한 것을 붙여 넣기 → [이동] → [다음] → [학습 자료] 선택 → [다음] → [폴더 추가] 하면 새로운 폴더가 생긴 것을 확인할 수 있다.

1.3 수업 안내: [게시물] 활용

[게시물]은 각 팀에 입장했을 때 처음으로 보이는 화면이므로 학생들의 접근성이 뛰어나다. 따라서 공지사항을 안내할 때 [게시물]을 활용하는 것이 좋다. 탭에서 하단에 있는 [서식](메뉴 중 첫 번째)을 이용하면 보다 다양한 형태의 알림을 게시할 수 있다. 다음 그림에서 보이는 상단의 메뉴를 활용하면 중요한 공지사항을 학생들이 놓치지 않도록 안내할 수 있다.

그림 4-8 게시물에서 수업 안내하기

[게시물]에서 [서식]을 활용하면 공지사항을 여러 반에 한꺼번에 알릴 수 있다. [여러 채널에 게시]를 선택한 후 [채널 선택]을 클릭하면 공지할 학급을 선택하는 팝업 창이 뜬다. 여기에서 공지하고자 하는 [팀]의 [채널]을 모두 선택하면 된다.

그림 4-9 여러 학급에 한꺼번에 공지하기

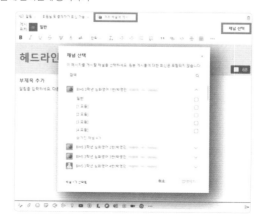

[게시물] 활용팁

[게시물]의 [서식] 활용법 추가

상단 첫 번째 메뉴 [새 대화]의 드롭다운 메뉴를 클릭해보면 [알림]을 선택할 수 있다. 이렇게 하면 큰 폰트로 된 헤드라인을 입력할 수 있어 학생들이 공지사항을 놓치지 않도록 할 수 있다.

[게시물]의 [서식] 활용 예

다음의 두 가지 [게시물] 공지사항은 같은 내용을 알리고 있으나, 첫 번째 그림의 공지사항은 [서식]을 사용하지 않았고, 두 번째 그림의 공지사항은 [서식]을 사용한 것이다. 두 번째 그림처럼 [서식]을 활용하여 공지사항을 작성하면 시각적으로 더 눈에 띄기 때문에, 학생들이 공지사항에 더 주목하게 된다.

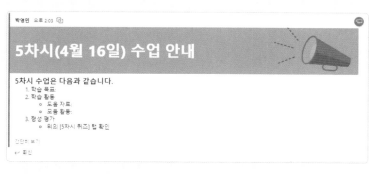

2. 학습: 지식과 이해

블룸의 인지적 영역에서의 수업 목표 분류법은 학생들의 학습 활동을 크게 지식, 이해, 적용, 분석, 종합, 평가, 여섯 가지로 나눈다.[9] 이 여섯 가지의 수업 목표를 단순함에서 복잡함으로, 위계가 있는 것으로 이해하여 차례대로 적용하기보다는 각 수업에서 필요한 학습 활동을 적절히 연계하여 디자인해보자. 여기서는 지식을 이해하고 쌓아가는 활동과 그것을 심화하고 적용하는 활동, 두 가지로 크게 나누어 보겠다. 첫 번째 '지식과 이해' 활동에 적합한 팀즈의 기능은 이어지는 절에서, '심화 및 적용' 활동에 적합한 팀즈의 기능은 3. 학습: 심화 및 적용 절에서 이어진다.

2.1 텍스트 읽기와 듣기: [몰입형 리더] 활용

팀즈를 사용하면 여기저기에서 [몰입형 리더]라는 버튼을 볼 수 있다. 이것은 Text to Speech Technology(문자를 음성으로 바꾸는 기술)를 활용하여 텍스트를 해당 언어로 소리 내어 읽어주는 도구로, 학생들의 독해력과 접근성을 높인다. 특히 학생의 집중력이 낮거나, 학생에게 난독증이 있다면 그 효과는 더욱 크다.[10] 이 기능은 [수업용 전자 필기장]의 메뉴에 포함되어 있으며, 한국어와 영어를 포함한 수많은 언어로 들을 수 있다. 학생들이 학습 자료를 공부할 때 활용하기를 권장한다. [수업용 전자 필기장]에서의 [몰입형 리더] 사용 방법은 다음과 같다.

9　Krathwohl, D. R. (2002). A revision of Bloom's taxonomy: An overview. Theory into practice, 41(4), 212-218.

10　Jarke, H., Broeks, M., Dimova, S., Iakovidou, E., Thompson, G., Ilie, S., & Sutherland, A. (2020). Evaluation of a Technology-based Intervention for Reading in UK Classroom Settings.

그림 4-10 몰입형 리더 활용하기

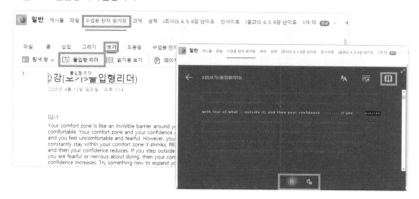

[수업용 전자 필기장] → [보기] → [몰입형 리더]를 선택하면 오른쪽 그림과 같이 어두운 화면이 나타나고 아래쪽 중앙에 있는 [▷(플레이)] 버튼을 누르면 해당 언어로 읽어준다. 이때 현재 읽고 있는 단어가 차례대로 표시된다. [▷(플레이)] 버튼 오른쪽에 있는 설정 버튼을 눌러 읽기 속도와 목소리의 성별을 정할 수 있다.

몰입형 리더의 추가 기능

• **포커스 모드:** 읽어주는 부분을 1, 3, 5줄씩(선택) 강조하여 집중력을 높인다. 오른쪽 상단의 메뉴 중 책 모양 아이콘을 눌러 강조할 줄의 수를 선택한다. 다음 첫 번째 그림은 1줄, 두 번째 그림은 5줄 강조하기를 선택한 장면이다.

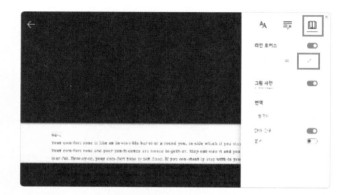

- **품사 표시:** 단어 품사의 색을 다르게 하여 학생들의 이해도를 높인다. 다음 그림은 텍스트에서 동사만 다른 색깔로 표시하겠다는 설정이다.

- **번역하기:** 외국어 교과의 경우, 외국어에 약한 학생들은 이 기능을 활용하여 한국어로 번역된 글을 즉시 읽어 이해할 수 있다. 또한, 한국어를 잘 알지 못하는 학부모나 학생에게는 모국어로 번역하여 읽도록 안내할 수 있다.

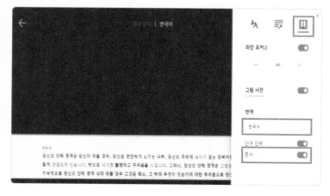

2.2 참고용 읽을거리: 탭에 웹 사이트 추가

인터넷에서 교재의 내용을 이해하는 데 도움 되는 읽을 자료를 찾아, 이를
추가로 제공하고 싶을 때 [탭 추가(+)] 버튼을 클릭한 후 팝업 창에서 [웹 사
이트]를 선택한다.

그림 4-11 탭에 앱 추가하기

팀즈의 탭에 보일 제목을 [탭 이름]에 쓰고, [URL] 아래에 있는 [링크를 여
기에 붙여넣기]에 웹 페이지 주소를 복사하여 붙여넣기 한다. 다음은 'Time
for Kids'라는 사이트의 페이지(https://www.timeforkids.com/g56/empty-
stadiums/)를 팀즈 탭으로 추가하여 탭 이름을 "빈 경기장"으로 지정한 것을
보여주는 예시이다.

그림 4-12 탭에 웹 사이트 추가하기

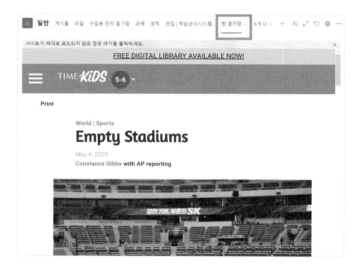

2.3 동영상 자료: 유튜브 영상 공유

동영상 교육 자료를 공유하는 방법은 여러 가지이다. 가장 간단한 방법으로는 [게시물] 하단에 있는 확장 메뉴의 더 보기[...]를 클릭하여 YouTube를 찾아 선택하면 유튜브 아이콘(▶)이 [게시물] 메뉴에 추가된다. 이제 [게시물]에서 이 아이콘을 클릭하여 유튜브 영상을 검색하고 바로 공유할 수 있

다. [게시물]에서 공유된 영상을 보려고 클릭하면 유튜브 사이트가 열리고
바로 재생된다.

그림 4-13 [게시물]에 유튜브 앱 추가하기(유튜브 페이지에서 보기)

웹 페이지를 따로 열지 않고, 팀즈 내에서 영상이 열리도록 하려면 탭에서 유튜브 영상을 추가하면 된다. 앞서 말한 방법과 유사한데, 추가할 앱에서 [웹 사이트]가 아닌 [YouTube]를 선택하고 공유하고 싶은 영상의 주소를 붙여넣은 후 저장하면 된다.

그림 4-14 탭에 유튜브 영상을 추가하기(팀즈에서 바로 보기)

3. 학습: 심화 및 적용

학습한 내용을 강화하고 발전시키기 위해 심화 학습을 한다. 학습한 내용
을 새로운 상황에 적용하거나, 유사한 사례를 스스로 찾아 제시하는 방법
등의 수업을 디자인할 수 있다. 이때 많이 사용하는 학습 활동은 말하기와
쓰기이다. 팀즈에서는 학생들이 말하기와 쓰기를 하여 제출하고, 교사는
이에 대한 피드백을 여러 차례 제공하여 학생들의 발달을 돕는 여러 가지
방법이 있다. 팀즈의 기능을 잘 활용하여 다양한 매체를 활용한 심화 학습
활동을 제시하고 학생 개개인의 발달 과정을 살펴보는 방법을 알아보자.

3.1 말하기: [오디오]로 손쉬운 과제 제출

말하기 평가를 하면 교사가 학생을 한 명씩 살펴야 하기 때문에 교실이 소
란해지기도 한다. 교실에서의 말하기 평가를 채점하는 경우 첫 번째 학생
부터 마지막 학생까지 신뢰도를 유지하며 채점하기가 쉽지 않다. 이럴 때
[수업용 전자 필기장]의 녹음 기능을 활용하면 좋다.

그림 4-15 말하기 활동: 녹음하기

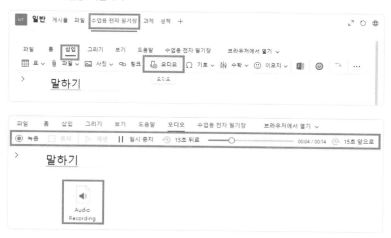

학생들이 수업용 전자 필기장에서 [삽입] → [오디오]를 클릭하면 녹음 파일이 생성되며 녹음이 시작된다. 녹음이 끝나면 [중지] 버튼을 누르면 된다. 만약, 녹음이 잘 안 되어서 파일을 삭제하고 싶다면 녹음 파일을 선택하고 [Delete] 키를 눌러 삭제한다.

교사가 학생들의 녹음을 들으려면, 해당 녹음 파일을 선택하여 재생한다. 학생들의 말하기에 대한 피드백 역시 녹음으로 남길 수도 있고 글로 적을 수도 있다.

3.2 말하기: [받아쓰기]로 정확성 기르기

말하기 활동의 두 번째 방법은 받아쓰기이다. [수업용 전자 필기장]의 [받아쓰기] 버튼을 누른 후 학생들이 말하면, [수업용 전자 필기장] 페이지에 말하는 대로 적힌다. 이것은 Speech to Text Technology(음성을 문자로 바꾸는 기술)를 활용한 것으로, [몰입형 리더]가 Text to Speech Technology(문자를 음성으로 바꾸는 기술)를 활용하는 것(2.1 텍스트 읽기와 듣기: 몰입형 리더 절 참고)과는 반대 방향의 변환 기술이다. [몰입형 리더]와 마찬가지로 여러 가지 언어로 받아쓸 수 있기 때문에, 어떤 언어로 말할 것인지 미리 선택한다. 컴퓨터로 전해지는 소리 그대로 적히므로 명확하게 말하지 않거나 잘못 발음하는 경우 생각한 대로 받아쓰기가 이루어지지 않을 수 있다. 바로 이 점을 이용하면 '정확하게 말하기'를 연습할 수 있다. 정확하고 또렷하게 말하고 있다면 받아쓰기가 바르게 되고 있을 것이므로, 의도한대로 받아쓰기가 되도록 말하기 연습을 할 수 있다.

다음 그림처럼 [수업용 전자 필기장] → [홈] → [받아쓰기] 아이콘을 누르고 시작하면 된다.

그림 4-16 말하기 활동: 받아쓰기

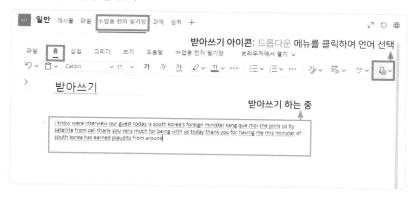

[몰입형 리더], [받아쓰기], [녹음] 기능의 조합

[몰입형 리더]와 [받아쓰기]는 많은 교과에서 활용할 수 있는데, 특히 [받아쓰기]는 정확하게 말하기 연습이 필요한 국어와 영어를 포함한 언어 교과에서 더욱 유용하다. 외국어 교과의 경우, [수업용 전자 필기장]의 몰입형 리더와 [받아쓰기] 기능을 잘 조합하여 사용하면 원어민 교사가 없는 환경에서도 학생들의 외국어 실력을 향상시킬 수 있다. [몰입형 리더]로 읽기와 듣기 연습을 한 후, [받아쓰기]를 활용하여 말하기를 연습한다. 그런 다음, 말하기 과제를 할 때는 [녹음] 기능을 활용하여 제출하고 교사는 녹음 파일을 듣고 피드백을 제공하여 학생의 성장을 돕는다.

3.3 쓰기: [피드백]과 학생 성장

팀즈에서 학생들이 쓰기 활동을 하는 방법은 다양하다. 앞선 Chapter 3에서 [채널]에서 모둠 토의를 하는 방법, [파일] 탭에서 협업하여 문서를 쓰는 방법, [위키] 페이지에서 모둠 활동하는 방법, [과제]에서 쓰기 과제를 내는 방법 등을 알아보았다. 혹은 [수업 전자 필기장]의 학생 개인 노트를 활용할 수도 있다.

이번에는 [과제]를 활용하여 쓰기 활동을 하도록 안내하고, 피드백을 제공하는 방법, 그리고 피드백 루프[11]를 활용해 보다 체계적인 피드백으로 학생의 성장을 돕는 방법을 알아본다.

다음은 [과제]에서 학생들에게 부여한 글쓰기 과제(워드)이다. 학생이 제출한 과제 일부에 대한 상세 피드백(빨간색)과 글 전체에 대한 피드백(노란색)이 보인다.

그림 4-17 쓰기 과제에 두 가지 종류의 피드백 제공하기

상세 피드백을 제공하기 위해서는 피드백하고 싶은 부분을 마우스로 선택하고, 오른쪽 클릭하여 나타나는 팝업 메뉴에서 [새 메모]를 선택한다. 다

---

11 피드백 루프: 학생이 제출한 과제를 검토한 후 돌려주고(반환), 학생은 교사의 피드백을 반영하여 반환된 과제를 수정하여 다시 제출하는 과정을 반복한다. 과정형 평가와 수업 평가 기록의 일체화를 실천하는 한 방법이다.

음, 오른쪽에 나타나는 [메모]란에 피드백을 입력한다. 학생은 과제를 반환받으면 피드백에 답을 쓸 수 있다. [메모]란에 피드백을 주고받는 교사와 학생 모두 본인의 프로필이나 이름이 아닌 '저자'로 표시된 점이 아쉽다.

그림 4-18 쓰기 과제에 상세 피드백 제공하는 방법

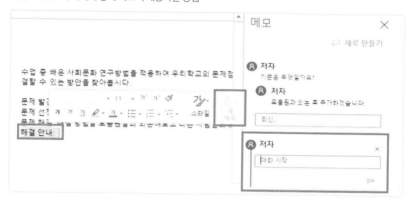

교사와 학생이 과제와 관련하여 피드백을 주고받는 일련의 과정이 모두 기록되는데, **그림 4-17**의 [기록 보기]를 클릭하면 **그림 4-19**와 같이 상세한 기록이 나타난다. 이 기록은 일회성의 단편적 평가가 아닌 과정형 평가가 잘 이루어지고 있음을 보여주는 동시에, 과정형 평가의 근거 자료가 될 수 있다.

그림 4-19 피드백 루프 기록 보기

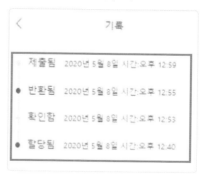

4. 수업 재디자인: 평가와 피드백

수업을 새로 디자인하는 데에는 학생들이 목표한 학습 결과를 이루었는지, 학생들의 학습 경험에 대한 생각은 어떠한지가 큰 영향을 미친다. 폼즈를 활용하면 이러한 정보를 쉽게 얻을 수 있다. 학생들은 폼즈에 수업 마무리 질문(Exit Slip), 정답을 미리 설정한 형성 평가, 자신의 학습 과정을 돌아볼 수 있도록 하는 학습 일기(Learning Journal) 등을 쓸 수 있다.

마무리 질문은 수업이 끝날 때 교사가 학생들에게 수업 내용을 잘 이해했는지를 파악하기 위해 물어보는 간단한 질문이다. 교과 교실제에서 학생이 수업을 마친 후 교실을 나설 때, 자신이 배운 것과 자신이 이해하지 못한 것 등을 종이에 쓰고 나간다고 하여 'exit(퇴장) slip(종잇조각)'이라고 한다.[12] 학습관리시스템에서의 수업도 학생들이 수업이 끝난 후 교실을 떠나는 모습이므로, 이 질문(Exit Slip)으로 수업을 마무리해보자. 학생들이 쉽게 답할 수 있는 [게시물]에 [폼즈]를 추가하는 방법을 이용하여 한 문항만 간단하게 제시해보자. 이 질문을 통해 학급 전체의 학생 중 어느 정도의 학생이 이해하고, 이해하지 못 하는지를 교사와 학생 모두 한눈에 파악할 수 있다. 많은 학생이 이해하지 못한 경우, 교사가 즉각적으로 보충해줄 수 있다.

형성 평가의 경우, 더 많은 질문이 가능하며 자동으로 채점되는 것이 편리하므로 오피스 폼즈 웹 사이트(www.forms.office.com)에서 작성하는 것을 추천한다. 여기에 각 단원에 적합한 퀴즈를 미리 만들어 두면 문제 은행 역할을 하고 팀즈에서는 몇 번의 클릭만으로 학생들에게 평가를 실시할 수

---

12 Leigh, S. R. (2012). The Classroom Is Alive with the Sound of Thinking: The Power of the Exit Slip. International Journal of Teaching and Learning in Higher Education, 24(2), 189–196.

있다. 형성 평가는 수업을 재디자인하는 데 중요한 역류 효과(Washback effect)[13]를 낼 수 있다.

학생들은 학습 일기(Learning Journal)를 작성하며 자신의 학습과 사고 과정을 꾸준히 기록하고 자신의 장점과 더 노력할 부분을 찾을 수 있는 등 메타인지 능력을 기를 수 있다.[14] 팀즈와 폼즈를 활용하여 학습 일기를 작성하면, 학생과 교사가 손쉽게 공유할 수 있으므로 학생에게는 자신의 포트폴리오가 되고 교사에게는 수업과 학습 활동이 학생들에게 어떻게 적용되는지를 살펴볼 수 있는 창이 된다. 이어서 각각의 활동을 디자인하는 방법을 알아보자.

4.1 **수업 마무리 질문**

간단하게 질문하고 학생들이 답한 결과를 실시간으로 공유하려면 [게시물]에서 폼즈를 추가하여 문항을 작성하면 된다. 다음 그림처럼 [게시물]에서 추가[...] 버튼(주황색)을 클릭하여 폼즈(Forms)를 추가하면 게시물 메뉴에 고정된 것(파란색)을 볼 수 있다. 게시물 메뉴에서 폼즈 아이콘을 선택하면 게시물에서 직접 문항을 만드는 팝업 창이 생긴다.

---

13 역류 효과(Washback effect): 시험이 교육 과정, 수업 디자인, 학습 활동에 미치는 영향. 시험에서 묻는 내용이 수업 목표와 내용을 다루고 있다면 긍정적 역류 효과가 나타난다. 반대로 수업 목표와 평가의 초점이 다를 때, 수업보다는 시험을 적극적으로 준비하는 부정적 역류 효과가 나타날 수 있다.

14 McCrindle, A. R., & Christensen, C. A. (1995). The impact of learning journals on metacognitive and cognitive processes and learning performance. Learning and instruction, 5(2), 167-185.

그림 4-20 게시물에 [폼즈] 추가

만든 문항은 게시물에서 직접 응답할 수 있다. 바로 아래에 실시간으로 수집된 결과를 볼 수 있다. 교사는 이 결과에 따라 보충 설명이 필요한지, 어떤 보충이 필요한지 결정할 수 있다.

그림 4-21 게시물에서 문항과 결과 보기

 게시물에 추가된 폼즈 응답 제한

팀즈에서 오피스 폼즈를 활용하는 방법은 다양하다. 게시물에 폼즈를 추가하면 응답 자들은 한 번만 응답할 수 있고, 여러 번 응답할 경우에는 마지막 결과만 저장된다. 다시 말해, 마음이 바뀌어 새로운 응답을 할 경우, 앞서 응답한 것은 삭제된다.

4.2 문제 은행

Chapter 3에서 과제를 부여하는 방법을 알아보았다. 이와 마찬가지로 학생 들에게 형성 평가를 진행하고 싶을 때, [과제]에서 [퀴즈]를 선택하여 진행 하면 된다. 팀즈에서의 [퀴즈]는 오피스 폼즈를 활용하는데, 효율적으로 작업하기 위해서는 오피스 폼즈에서 먼저 퀴즈를 완성하는 것을 추천한다.
다음 그림은 오피스 폼즈를 문제 은행으로 활용한 예시이다. 팀즈에서 만
들거나 오피스 폼즈에서 만든 모든 문제와 설문지가 모두 모여 있다. 앞서
만든 수업 마무리 질문도 여기에 저장되어 있다. 새로운 형성 평가를 제작
하려면 [새 퀴즈]를 선택한다.

그림 4-22 폼즈를 문제 은행으로 활용하기

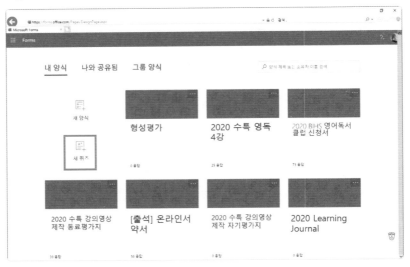

[새 퀴즈]를 선택한 후, [제목 없는 퀴즈]를 클릭하여 제목을 쓴다. 이때 제
목이나 설명을 상세하게 적어 두면 재활용하기 쉽다. [+ 새로 추가]를 선택
하면 만들 수 있는 문항의 종류가 나타나는데 선택 항목(선택형), 텍스트(단
답/서술형), 평가형, 순위형, Likert(리커르트 척도), 파일 업로드 등이 있다.

그림 4-23 폼즈 퀴즈에서 문항의 종류

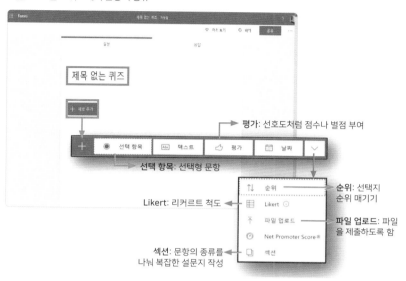

이 중 형성 평가에 주로 쓰이는 선택형과 단답형을 알아보자. 선택형 문항
제작은 다음 그림과 같다.

그림 4-24 선택형 문항 제작하기

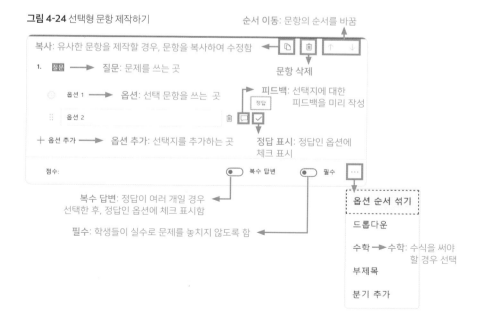

수학이나 과학의 경우, 오른쪽 하단에 있는 메뉴[...]를 클릭하여 [수학]을
선택하면 수식을 이용해 문항을 제작할 수 있다. 그림이나 영상을 문제에
추가할 수도 있다. 선택지인 [옵션]에서 정답에 오른쪽에 있는 체크 모양 아
이콘을 클릭하면 제출된 학생들의 답안을 자동으로 채점할 수 있다. 이때
정답이 여러 개인 경우 [복수 답변]을 체크하면 정답을 여러 개 선택할 수
있다. 학생 다수가 선택할 법한 오답인 경우, 미리 [피드백]을 입력해 두면
좋다.

단답형 혹은 서술형 문항 제작은 다음 그림과 같다. 단답형의 경우에도 [+
답 추가]를 선택해 정답을 입력해 두면 자동 채점이 가능하다.

그림 4-25 단답형 혹은 서술형 문항 제작하기

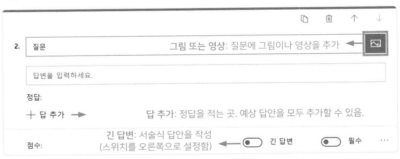

평가형 문항 제작은 다음과 같다. 동료 평가나 자기 평가 등에서 활용할 수
있는 문항의 종류이다. 예를 들어, 학생들이 다른 모둠의 발표를 보고 점수
나 별점을 부여하는 식이다.

그림 4-26 평가형 문항 제작하기

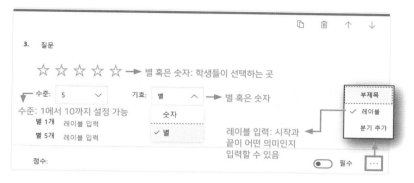

 문항 수정

오피스 폼즈에서 [새 퀴즈]를 만들고 난 후 수정하려고 다시 열어 보면, 수정을 못 하는 것처럼 보일 수 있다. 마우스로 수정할 부분을 클릭해야 수정할 수 있도록 메뉴가 활성화된다.

[숫자]를 이용한 동료 평가지의 예는 다음과 같다. 자기 평가지 역시 평가형 문항 등을 활용하여 만들어보자.

그림 4-27 동료 평가지 예시

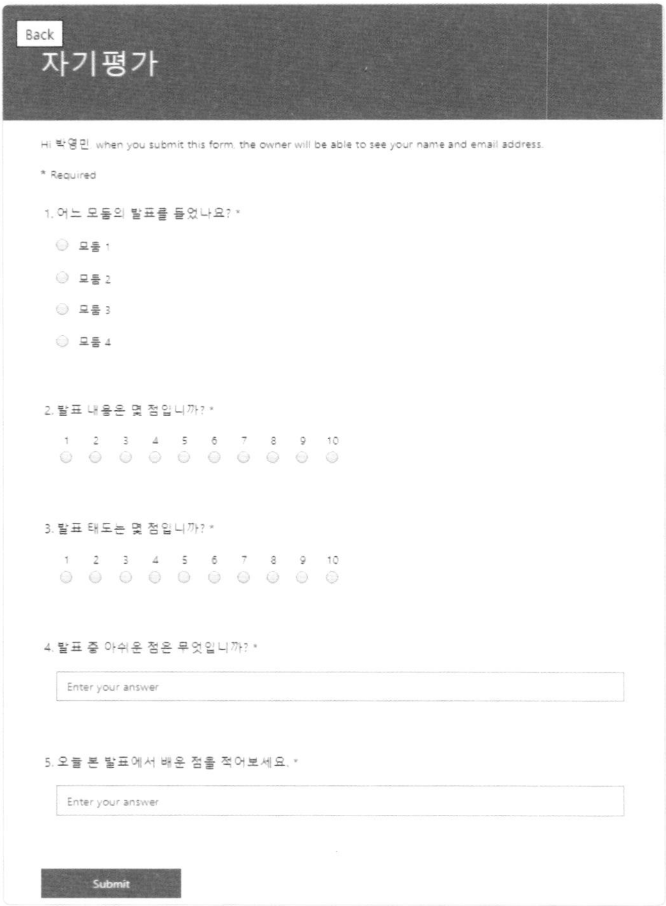

Back

자기평가

Hi 박영민, when you submit this form, the owner will be able to see your name and email address.

* Required

1. 어느 모둠의 발표를 들었나요? *

- 모둠 1
- 모둠 2
- 모둠 3
- 모둠 4

2. 발표 내용은 몇 점입니까? *

1 2 3 4 5 6 7 8 9 10

3. 발표 태도는 몇 점입니까? *

1 2 3 4 5 6 7 8 9 10

4. 발표 중 아쉬운 점은 무엇입니까? *

Enter your answer

5. 오늘 본 발표에서 배운 점을 적어보세요. *

Enter your answer

Submit

이렇게 문제 은행을 구성하고 필요에 따라 지속적으로 확장하면 된다. 이 제 팀즈에서 퀴즈를 학생들에게 제시하는 방법을 알아보자. [과제]에서 퀴 즈를 제시할 수 있으며 다음 그림처럼 [과제] → [만들기] → [퀴즈]를 선택 하면 오피스 폼즈에서 만든 퀴즈의 리스트가 보이는 팝업 창이 나타난다. 혹은 [과제] → [만들기] → [기존]을 선택하여 해당 팀이나 다른 팀에서 이 전에 제시한 과제나 퀴즈를 재활용할 수도 있다.

그림 4-28 과제에서 [퀴즈] 제시하기

형성 평가의 결과를 폼즈 웹 사이트에서도 확인할 수 있다. 사이트에서 원하는 폼즈를 선택하면 다음 그림과 같은 화면을 볼 수 있다. [질문] 탭은 문항을 작성하는 곳이며, [응답] 탭은 결과 요약과 개인별 응답 결과를 볼 수 있는 곳이다. 접속했을 때의 첫 화면은 응답 결과를 시각화하여 요약하여 보여준다. 응답자들의 개인별 결과를 보려면 [결과 보기] 버튼을 클릭한다. 이 결과는 엑셀 파일로 내려받을 수 있다.

그림 4-29 오피스 폼즈 웹 사이트(www.forms.office.com)에서 결과 확인하기

팀즈에서 형성 평가의 결과를 확인하고 피드백을 제공할 수 있다. 이때 각 문항이나 전체 퀴즈에 대한 피드백을 적어 학생에게 보낼 수 있다.

그림 4-30 형성 평가에 대한 피드백 제공과 학생의 확인

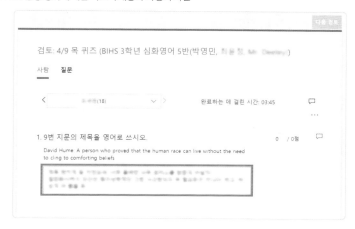

4.3 학습 일기

교사가 수업 디자인을 점검하고, 학생들은 자신의 학습 과정을 돌아볼 수 있는 학습 일기 역시 폼즈로 만들 수 있다. 학습 일기는 학생들이 언제든 확인하고 제출할 수 있는 환경으로 만드는 것이 좋다. 우선 탭에 폼즈를 추가하는데, 학생들이 응답할 수 있는 화면이 보이도록 해야 한다. 협업 활동으로 학생들이 설문을 함께 만들어가는 폼즈를 탭에 추가하는 것은 Chapter 3에서 살펴본 바가 있다. 이와 유사한 과정을 거쳐 폼즈를 추가하면 되는데,

[기존 양식 추가]를 선택하고 폼즈 웹 사이트에서 만들어 둔 퀴즈나 설문 중 원하는 것을 선택한다. 그런 다음, [응답 수집]을 선택하고 [저장]한다.

그림 4-31 탭에 학생들이 응답할 폼즈 추가하기

저장된 폼즈는 탭에 추가되므로 학생들이 학습 일기를 쓰기 위해 여러 단계를 거칠 필요가 없이 바로 접근할 수 있다. 팀즈에서 수업하고, 한 번의 클릭으로 학습 일기에 접근할 수 있어 학생들의 응답률을 높인다.

그림 4-32 탭에 추가된 폼즈(응답하기)

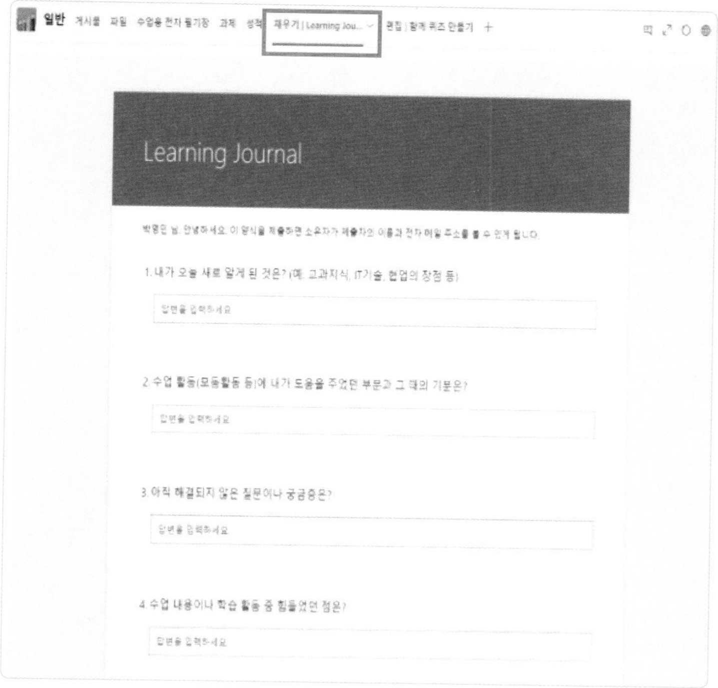

퀴즈나 설문의 [응답 결과]를 실시간으로 함께 보기

탭에서 폼즈를 추가할 때 응답 결과를 실시간으로 보게 설정할 수도 있다. **그림 4-31**에서 [응답 수집] 대신 [결과 표시]를 선택한다. 다음 그림은 탭에서 추가된 폼즈인데, 응답 결과가 실시간 공유되는 화면이다.

퀴즈나 설문의 성격에 따라 탭에 추가할 폼즈의 종류를 고르거나 적절히 조합해 본다. 협업하여 문항을 제작하는 [팀이 편집하고 결과를 볼 수 있는 공유 양식], 설문 문항을 보고 응답할 수 있는 [응답 수집], 설문 응답의 결과를 함께 보는 [결과 표시] 중 선택하면 된다.

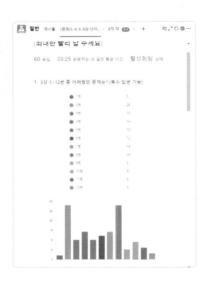

이번 챕터에서는 팀즈에서 교사가 수업과 학습 활동을 디자인하는 방법, 학생들이 제시된 학습 활동을 잘 이해하고 경험할 방법을 알아보았다. 또한 학생들이 학습 내용을 얼마나 이해하고 성장했는지를 평가하는 방안과 학생들 스스로 학습 활동을 돌아보게 하여, 수업을 재디자인하는 데 필요한 학생들의 생각을 수집하는 방안도 살펴보았다. 이어지는 Chapter 5에서는 더 풍부한 수업 디자인을 위한 다양한 앱과 그 앱을 팀즈에 추가하여 사용하는 과정을 알아보도록 한다.

팀즈 수업
디자인 더하기

Chapter 05 **팀즈 수업 디자인 더하기**

앞 챕터에서 우리는 팀즈의 기본 기능을 활용하여 수업을 디자인하고, 원활하게 수업을 진행하며 학생들의 학습 경험 제공을 위해 의사소통하는 방법을 알아보았다. 이번에는 보다 다양한 수업 디자인을 위해 제3의 앱을 팀즈에 추가하거나, 마이크로소프트의 앱을 활용하는 방법을 살펴본다.

보통, 수업을 디자인할 때 학생들의 문제 해결 능력을 기르는 학습 경험을 고안하게 된다. 문제 해결에는 다양한 사고방식이 필요하다. 그중 확산적 사고(Divergent Thinking)는 새로운 해결책을 찾으려는 창의적 사고 방법으로, 직선적인 사고에서 벗어나 자유로운 흐름을 따라 사고하는 것이다. 수렴적 사고(Convergent Thinking)는 주어진 해결책을 평가하고, 그중 어떤 것이 가장 적합한지를 가려내는 사고 방법이다.[1] 다시 말해, 수렴적 사고는 가장 좋은 해결책을 고르는 데 활용되는 능력이고 확산적 사고는 다양하고 새로운 해결책을 만들어 내는 능력이다. 다음 표는 이번 챕터에서 다룰 앱의 쓰임새와 활용되는 사고 방법을 보여준다.

---

1   Guilford, J. P. (1956). The structure of intellect. Psychological bulletin, 53(4), 267.

표 5-1 학습 활동에 따라 사용하는 앱과 활용되는 사고 방법

활동명	활동 내용	사고 방법		활용 앱
		확산적 사고	수렴적 사고	
브레인 스토밍, 콘셉트 맵	마인드맵과 같은 도식을 자유롭게 혹은 주어진 메뉴를 활용해서 그림	∨		WhiteBoard, Mindmeister, Mindomo
동영상	주어진 시간 내, 영상을 만들어 팀원들과 공유함	∨		Flipgrid
	교사의 강의 영상을 보고 주어진 퀴즈를 품		∨	Stream, Edpuzzle
퀴즈 풀기	게임과 같은 형태로 퀴즈를 풀면서 기초 지식을 암기함		∨	Kahoot, Quizlet
토론하기	활발한 토론이 되도록 다양한 질문을 제공하며, 이에 따라 학생들의 의견 교환이 이루어짐	∨	∨	Menti.io, Pear Deck
질문하기	학생들이 익명 혹은 실명으로 질문을 남겨둠. 교사는 질문과 답변을 게시판 등에 제공하거나, 질문에 대한 답을 찾는 과정을 수업 활동으로 확장할 수 있음	∨	∨	Mentimeter, Wooclap

확산적 사고를 꾀하는 대표적 학습 경험은 브레인스토밍이고, 수렴적 사고의 대표적 학습 경험은 선택형 문제(퀴즈)이다. 멀티미디어를 효과적으로 공유하는 학습관리시스템을 이용하는 21세기 현재, 교사는 학생들에게 수렴적 사고를 익히게끔, 지식을 전달하는 영상을 학생들에게 공유하고 내용을 파악하는 퀴즈를 풀게 할 수 있다. 영상을 활용하는 다른 방식은 학생들이 자기 생각을 보여주는 영상을 제작하여 학급 구성원과 공유하는 것인데, 이는 확산적 사고를 연습하는 방법이 된다. 확산적 사고와 수렴적 사고, 이 두 가지 사고가 조화롭게 활용되는 경우는 토론 활동이다. 또 다른 중요한 학습 활동은 질문하기이다. 성장하는 학생들은 자신의 사고 과정이 어떠한지 점검할 필요가 있고, 이때 타인에게 도움을 요청하는 메타 인지 능

력이 필요하다. 이것이 바로 '질문'을 적극적으로 독려하는 이유이다.

학습적인 측면에서, 이 도구들의 공통점은 적극적 참여를 통한 학습이 이루어지도록 한다는 점이다. 수동적으로 강의만 듣는 학습보다 적극적 참여를 하는 학습 방법을 사용할 때, 학생들은 학습 내용을 잘 이해할 수 있고 낙제점을 받을 가능성이 아주 낮아진다.[2] 또 다른 공통점은 이 도구들은 팀즈와 별개로 해당 웹 페이지에서 가입 후 사용할 수 있다는 점이다. 그러나 팀즈에서는 각각의 웹 페이지로 가거나 앱을 따로 열지 않아도 팀즈 내에서 바로 실행할 수 있다는 큰 장점이 있다. 수업 목적에 맞는 앱을 원하는 기간 동안 게시물이나 채널에 추가해 두면 된다. 해당 수업이 끝났다면 팀즈에서 제거하여 깔끔하게 운영할 수 있다. 팀즈에서 제거하더라도 각 도구에서 교사의 계정으로 결과물을 볼 수 있다. 각 앱의 기능과 팀즈에서 효과적으로 사용하는 방법을 살펴보자.

채널에 앱 추가하기

팀즈 채널에 정보를 제공하는 뉴스나 유튜브 등의 앱을 추가하는 방법은 이미 Chapter 4에서 소개했다. 다시 한번, 순서대로 알아보자. 추가하려는 앱을 검색한 후, 선택하여 추가하면 된다.

검색하여 추가: 채널의 탭에서 [+] 버튼 클릭 → [검색] 창에서 앱 검색 → 앱 선택 → 로그인 (o365 아이디 이용) → [저장]

만약 앱이 검색되지 않는다면 [웹 사이트]를 선택해서 해당 웹 사이트의 링크를 붙여넣기 한다.

2　Freeman, S., Eddy, S. L., McDonough, M., Smith, M. K., Okoroafor, N., Jordt, H., & Wenderoth, M. P. (2014). Active learning increases student performance in science, engineering, and mathematics. Proceedings of the National Academy of Sciences, 111(23), 8410–8415.

붙여넣기하여 추가: 채널의 탭에서 [+] 버튼 클릭 → [웹 사이트] 클릭 → 추가하려는 사이트의 URL 붙여넣기, 탭 이름 쓰기 → [저장]

뒤이어 소개할 앱도 이와 같은 방법으로 추가할 수 있다. 그런데, 이전에 소개한 학습 자료 사이트와는 달리 이 챕터에 소개될 앱은, 단순히 수동적으로 정보를 받아들이는 것이 아니라 교사나 학생들이 무엇인가를 제작해야 한다는 차이가 있다. 따라서, 소개될 앱 중 일부는 앞선 방법대로 팀즈의 채널에 추가하기 전에 각각의 웹 사이트에서 사전 작업을 해야 한다.

1. 브레인스토밍: 문제 해결의 시작

브레인스토밍의 핵심은 다양한 생각을 막힘없이 쏟아내는 데 있다. 다수의 학생이 하나의 문제를 해결할 때, 교사는 최대한 많은 학생이 참여하도록 하고 어떤 이유로든 누군가의 의견 제시를 막지 않아야 한다. 단, 아이디어가 폭주할 때는 수업 의도에서 너무 벗어나지 않도록 조절하는 교사의 중재 역할도 필요하다. 어느 정도 많은 아이디어가 모이면, 비슷한 것끼리 묶거나, 필요 없는 것을 골라내고 이견을 좁혀가는 과정을 겪는다. 브레인스토밍을 시각화한 것이 마인드맵(Mind Map)이다. 이와 비슷하게 콘셉트 맵(Concept Map)이 있는데, 학습한 내용을 구조화하는 것이다. 마인드맵이 산발적으로 아이디어를 확산한다면, 콘셉트 맵은 하나의 주제 아래 여러 층의 하위 개념을 정돈하는 것이라고 할 수 있다. 이것을 활용한 학습 활동의 예는 다음과 같다.

- 문제 해결 프로젝트의 첫 단계
- 글쓰기의 첫 단계로 글의 구조 작성
- 학습한 내용(소설, 역사적 사실, 설명문, 논설문 등) 분석하기
- 특정 주제에 대해 학급 학생들을 찬성과 반대팀으로 나누어 주장의 근거 쓰도록 하기
- 완성된 마인드맵을 제공한 후, 학생들에게 개념 간의 관계를 밝히도록 하기

전통적 교실에서 이런 수업 활동을 한다면, 큰 종이를 가운데에 두고 학생들이 다양한 색의 필기구로 생각을 표현할 것이다. 이 장면을 그대로 팀즈로 옮겨온다면 어떻게 할 수 있을까? 마이크로소프트의 도구인 화이트보드(Whiteboard)를 활용할 수 있는데, 이때 화이트보드는 큰 종이의 역할을 한다. 접속한 팀의 구성원 모두가 각자의 의견을 자유롭게 쓸 수 있다. 마인드맵이나 콘셉트 맵을 보다 신속하고 편리하게 그릴 수 있는 도구로는 마

인드마이스터(Mind Meister)와 마인도모(Mindomo)가 있다. 팀즈에서의 사용 방법을 알아보자.

1.1 화이트보드(WhiteBoard)

팀즈와는 별도로 웹 페이지(www.whiteboard.microsoft.com)에서, 혹은 내려받아 설치한 앱에서 o365 아이디로 로그인하여 사용하는 디지털 캔버스이다. 사용자는 무한한 캔버스에서 다양한 그리기 도구를 사용하여 작업할 수 있는데, 다른 사람들과 협업이 가능하다. 팀즈에서 화상 수업할 때 칠판처럼 사용할 수도 있고, 팀즈 탭에 추가하여 모둠 활동을 할 수도 있다. 이 앱을 팀즈에 추가하려면 관리자가 관리 센터 홈페이지에서 서비스를 추가해야 한다.

그림 5-1 화이트보드 추가하기

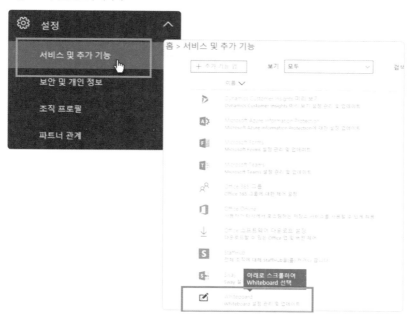

팀즈의 채널에 새로운 앱을 추가하는 방법은 앞선 Chapter 4에서 다루었다. 마찬가지 방법으로 탭에서 [+] 버튼을 선택하여 화이트보드 앱을 추가한다. 추가된 화이트보드를 실행하면 다음 그림처럼 빈 페이지가 보이고, 주어진 펜으로 구성원들이 화이트보드에 자유롭게 그릴 수 있다.

그림 5-2 화이트보드를 채널에 추가하여 함께 작성한 모습

1.2 마인드마이스터(MindMeister)

화이트보드가 무한대 캔버스라면 마인드마이스터와 마인도모는 마인드맵이나 콘셉트 맵의 가지치기를 쉽게 할 수 있는 메뉴를 제공한다. 팀즈와는 별개로 마인드마이스터 웹 페이지(www.mindmeister.com)에서 구글이나 o365 아이디로 로그인하여 사용할 수 있다. 무료 버전인 경우 마인드맵은 최대 3개까지 저장되므로, 3개 이후부터는 저장 후에 삭제하여 새로운 마인드맵을 개설해 사용해야 하는 번거로움이 있다. 단, 하나의 마인드맵 안에 추가할 수 있는 주제의 개수는 무한대이다. 마인드마이스터 역시 실시

간 협업이 가능하다. 유료 버전의 경우 마인드맵을 무한대로 만들 수 있으며, 마인드맵에 파일을 추가할 수 있고, 맵의 이력 보기와 되돌리기 기능 등이 추가된다.

팀즈에 추가하여 사용하는 경우를 살펴보자. 팀즈의 탭에서 [+] 버튼을 클릭하여 "mindmeister"를 검색한다. 마인드마이스터 아이콘을 클릭하여 추가하면 로그인하라는 메시지가 보인다. 별도의 아이디를 생성하지 않고, 팀즈에서 사용하는 o365 아이디로 로그인하면 된다.

그림 5-3 마인드마이스터 로그인

다음 그림은 팀즈에 추가한 마인드마이스터에서 비실시간으로 협업한 마인드맵이다. 모임을 이끄는 교사가 주제를 가운데에 적고, 며칠 동안 구성원들이 추가한 모습이다. 비실시간으로 협업하면, 학생 개인의 시간과 학습 속도에 맞춰 자신의 의견을 추가할 수 있으므로 보다 많은 학생을 수업에 참여시킬 수 있는 장점이 있다. 아이디어를 추가할 때는 추가하고 싶은 곳(node)을 선택한 후 오른쪽 상단에 있는 [+] 버튼을 클릭하면 된다. 글상자와 연결선이 자동으로 생성되어 편리하다.

그림 5-4 마인드마이스터에서 협업한 모습

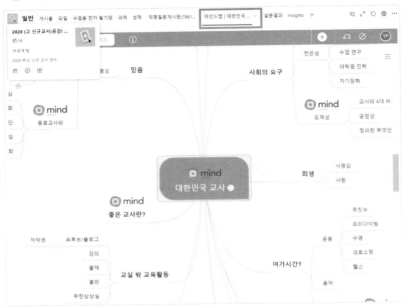

1.3 마인도모(Mindomo)

마인드마이스터처럼 마인도모 역시, 무료 버전인 경우에는 마인드맵을 3개까지 저장할 수 있다. 교사가 사용할 때, 마인드맵 과제를 제시하고, 학생들의 활동을 추적할 수 있으며 실시간 피드백을 줄 수 있다. 마인드마이스터보다 다양한 템플릿을 제공한다. 마인도모 역시 시작할 때 로그인하라는 메시지가

그림 5-5 마인도모 로그인 메시지

보이고, 이때 o365 아이디로 로그인하면 된다.

마인드마이스터와 마찬가지로 교사가 키워드를 적고 학생들이 완성하는 모습을 볼 수 있다. 다음은 팀즈에 추가된 마인도모에서의 마인드맵 샘플이다. 이미지 파일이 추가된 모습이 보인다.

그림 5-6 팀즈에 추가된 마인도모 샘플 페이지

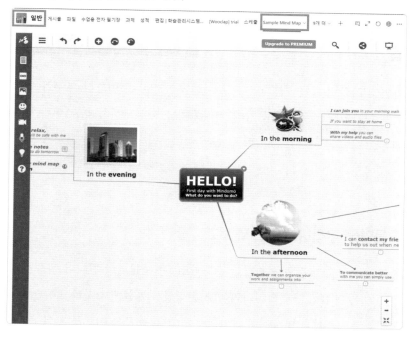

마인도모에서는 마인드맵에 이미지 등 다양한 멀티미디어를 추가하여 풍부한 마인드맵을 구성할 수 있다. 마인도모는 화이트보드나 마인드마이스터보다 많은 메뉴가 있는데, 다음 그림으로 알아보자.

그림 5-7 마인도모의 메뉴

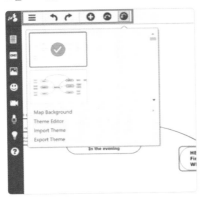 

마인도모 화면 상단에는 마인드맵을 디자인하는 데 필요한 도구가 있다. 전체 디자인과 색상을 바꾸거나, 가지치기를 하는 메뉴 등이 보인다. 왼쪽에 세로로 있는 메뉴는 추가할 수 있는 멀티미디어이다. 사진과 동영상, 지도 등이 있다. **그림 5-7**은 제일 상단의 '메모 추가'를 선택한 모습이다.

2. **동영상: 우리끼리 보고 또 보고**

동영상은 교사의 강의를 전달할 수도 있고, 학생들의 의견이나 생각을 표현할 수 있는 유용한 멀티미디어이다. 동영상을 손쉽게 저장하고 공유하는 플랫폼은 유튜브를 비롯해서 다양하다. 이런 플랫폼을 이용하면 편리하지만, 교사의 고민도 생긴다. 교사가 공유한 강의 영상을 학생들이 학습을 얼마나 하고 있는지 알고 싶고, 전달하는 바를 학생들이 이해했는지도 궁금하다. 학생들이 영상을 만들어 공유하는 경우, 학생의 초상권이나 저작권이 걱정될 수도 있다. 이런 고민을 해결하기 위해 디지털 도구의 기능을 잘 활용해 보자.

2.1 스트림(Stream)

o365 아이디로 사용할 수 있는 마이크로소프트의 도구 중 하나가 스트림이다. 스트림은 지능형 비디오를 통해 참여를 유도하고 정보를 전달하는 도구다. 팀즈와는 별도로 스트림 웹 사이트(stream.microsoft.com)에서 o365 계정으로 로그인하여 사용할 수 있다. 유튜브와 마찬가지로 스트림에서도 채널을 만들고 자신의 영상을 업로드하여 공유할 수 있다. 이때 자신의 구성원들에게만 공유할 수 있도록 설정할 수 있으므로, 학교나 교육청 내 구성원들과 공유하거나 특정인에게 링크를 전달하여 공유하기에 편리하다.

그림 5-8 팀즈에 스트림이 추가된 모습

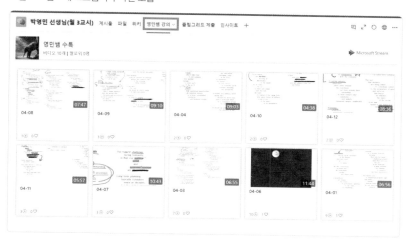

앞에서 유튜브를 추가하는 방법을 알아보았는데(Chapter 4 참고), 유튜브 채널을 팀즈의 탭에 추가하는 것과 스트림 채널을 추가할 때의 차이는 학생들의 학습 경험 집중력에 있다. 유튜브 채널을 추가하는 경우, 보이는 화면이 유튜브 사이트와 환경이 같아서 교사가 제공한 학습 영상을 보다가 다른 영상을 시청하기가 쉽다. 교사가 의도하지 않은 방향으로 말이다. 다음은 유튜브의 채널이 추가된 모습이다. 교사의 채널 내용은 같으나, 유튜브의 검색창 등 인터페이스가 그대로 노출된다. 그러나 스트림 채널을 추가하면, 교사가 제공하는 영상들만 시청해야 하므로 학습 활동 유도 측면에서 더 효과적이다.

그림 5-9 팀즈에 유튜브의 채널이 추가된 모습

스트림의 다른 장점은 오피스 폼즈와 연동된다는 것이다. 영상 중간에 오피스 폼즈를 삽입하여, 시청하는 사람들이 설문조사에 답하거나 퀴즈를 풀도록 하여 대화형 멀티미디어로 만들 수 있다.

그림 5-10 스트림 영상에 퀴즈 삽입하기(스트림 웹 사이트)

오피스 폼즈를 삽입하려면 스트림 웹 사이트(stream.microsoft.com)에서 영상의 오른쪽에 보이는 [+ 양식 추가]를 선택한다. 퀴즈를 삽입하는 자세한 과정은 다음과 같다.

그림 5-11 스트림 영상에 폼즈를 추가하는 과정

팀즈에서 퀴즈를 과제로 제시할 때와 마찬가지로 오피스 폼즈 웹 사이트에서 문제 은행을 미리 만들어 둔 다음 진행하는 것이 좋다. 미리 만들어 둔 퀴즈의 링크를 [여기에 URL 붙여넣기] 칸에 붙여넣은 후, 퀴즈에 어울리는

이름을 적는다. 완성되면 [타임라인에 추가]를 선택한다.

다음은 학생들이 영상을 보는 중간에 퀴즈가 구현되는 모습이다.

그림 5-12 영상 시청 중 퀴즈 풀기

학생들은 영상이 삽입된 지점에서 자동으로 나타나는 퀴즈를 풀거나, 오른
쪽 하단에 보이는 [열기]를 클릭한다. 영상에서 오피스 폼즈에서 만든 문제
화면으로 전환된다. 화면에서 정답을 표시하면 오피스 폼즈 사이트에서 결

과가 취합된다.

덧붙여 스트림에서는 음성을 텍스트로 변환, 자동 생성 선택 자막, 안면 인식 등의 기능으로 동영상 내의 원하는 부분을 찾는 것이 가능하다.

2.2 에드퍼즐(EdPuzzle)

교사들은 동영상 자료를 학생들에게 제공할 때 모든 학생이 빠른 재생이나 건너뛰기를 누르지 않고 영상을 제대로 시청하여, 내용을 잘 이해하기를 바란다. 그러나 이는 동영상 플랫폼을 통해 자료를 제공하거나, 개별적으로 동영상을 제공할 때 거의 불가능한 희망사항이다. 다행히도 에드퍼즐에서는 교사들의 이러한 희망사항이 실현될 수 있다. 에드퍼즐(www.edpuzzle.com)은 그 자체로 학습관리시스템 기능을 포함하고 있어, 학급을 개설하고 학생들을 모아 학습 과정을 살펴볼 수 있다.

팀즈에서 에드퍼즐을 사용하려면 학생들에게 코드를 제공하여 입장하도록 해야 한다. 참고로 구글 클래스룸은 구글에서의 클래스와 학생 명단을 그대로 옮겨올 수 있어서 연동이 쉬운 편이다. 에드퍼즐에서는 학생이 교사의 영상을 시청했는지, 영상을 얼마나 봤는지, 몇 번이나 봤는지 등을 확인할 수 있다. 또한 빠른 재생이나 건너뛰기를 미리 금지할 수 있다.

팀즈에서 스트림을 사용한 것과 마찬가지로 우선 에드퍼즐 웹 사이트에서 동영상 자료를 만든다. 다음의 첫 번째 그림처럼 [Choose a file] 버튼을 클릭하여 저장된 영상을 업로드하거나, 업로드하려는 파일을 드래그 앤 드롭하면 바로 아래에 업로드 과정이 보인다. 두 번째 그림은 영상이 My Content(나의 자료)에 저장되는 모습이다.

그림 5-13 에드퍼즐에서 영상 업로드하기

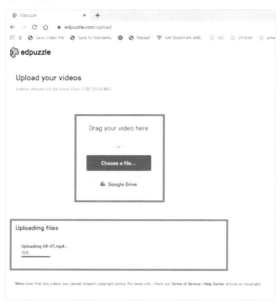

업로드한 영상을 선택하면 다음과 같은 화면이 나타난다. 여기에서 영상을 수정하거나 학급에 과제로 부여한다.

그림 5-14 에드퍼즐에서 업로드한 영상 메뉴

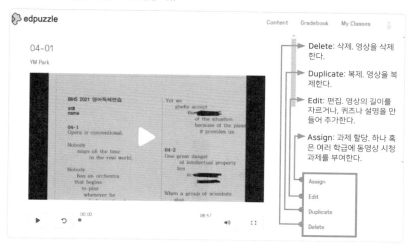

우선 영상을 편집하기 위해 [Edit]을 선택해보자.

그림 5-15 에드퍼즐 영상 편집 메뉴

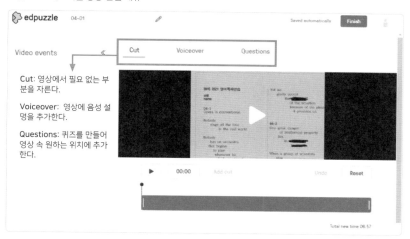

상단 탭에 있는 3가지 메뉴를 이용하여, 영상을 자르거나([Cut] 선택), 음성 설명을 삽입하거나([Voiceover] 선택), 퀴즈를 삽입([Questions] 선택)할 수 있다. 에드퍼즐의 장점 중 하나는 스트림과 마찬가지로 영상 중간에 퀴즈를 삽입하여 내용을 잘 이해하는지를 점검할 수 있다는 점이다. 정답을 미리 입력해둔 선택형의 경우 자동 채점되어 저장된다. [Questions]를 선택하면 다음과 같은 화면이 보이며 여기서 퀴즈를 삽입할 수 있다.

그림 5-16 에드퍼즐 영상 중간에 퀴즈를 삽입하는 방법

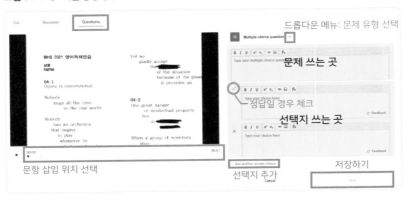

오른쪽 상단의 드롭다운 메뉴를 선택하여 '선택형'이나 '서술형 문항' 또는 '텍스트로 설명 추가' 중 하나를 선택한다. 앞의 그림은 선택형 문제를 만드는 예시이다. 위에서부터 차례로 문제와 선택지를 쓰고 선택지 중 정답인 곳을 체크한 뒤, [저장하기(Save)]를 누른다.

에드퍼즐의 다른 장점은 학생들이 영상을 중간에 뛰어넘거나(스킵) 빠른 속도로 보지 못 하게 만드는 기능이다. 앞서 본 **그림 5-14**에 있는 메뉴 중 [Assign(과제 할당)]을 선택한 후, 오른쪽 하단에 있는 [Prevent Skipping(건너뛰기 금지)]의 스위치를 On 설정한다. 영상을 학생들에게 배포하려면 원하는 학급을 체크하여 [Assign]을 클릭하면 된다.

그림 5-17 에드퍼즐 영상 학급에 배포하기(건너뛰기 금지)

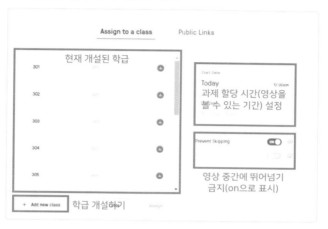

교사 제작 영상 외에 다른 콘텐츠(유튜브, 칸아카데미, 내셔널 지오그래픽 등)를 활용하여 수업 자료를 만들 수도 있다. 에드퍼즐 내에서는 교육 자료만 검색되는 장점이 있다. 단, 무료 버전은 저장되는 동영상의 개수가 20개까지라는 제한이 있어서, 계속 사용하려면 지난 영상을 지우거나 새로운 사용자를 초대하여 저장할 수 있는 동영상 개수를 조금씩 늘려야 한다. 유료 버전은 저장 가능한 동영상 개수에 제한이 없다. 2020년 8월 기준, 교사 1인당 1개월 사용료는 $9.5로 책정되어 있다.

2.3 플립그리드(Flipgrid)

플립그리드(www.flipgrid.com)는 누구나 자신의 목소리를 낼 수 있도록 돕는 도구이다. 누구나 질문이나 주제를 던질 수 있고, 초대된 사람들은 영상이나 이미지로 그 질문이나 주제에 대한 답을 하며 서로의 응답에 대한 생각을 다양한 방식으로 표현할 수 있다. 2018년에 마이크로소프트에서 플립그리드를 인수한 이후 유료 버전이 없어져서, 사용자들은 별도의 결제 없이 모든 기능을 마음껏 쓸 수 있게 되었다. 특히 팀즈에 추가하여 교사와 학생 모두 손쉽게 사용할 수 있다.

팀즈에 추가하려면 우선 플립그리드 웹 사이트에서 '그리드(grid)'[3]라고 하는 학급을 만들어 그 링크를 팀즈의 채널 탭에 추가한다. 플립그리드를 시작하는 방법은 다음과 같다.

그림 5-18 플립그리드 시작하기

플립그리드는 팀즈와 구글 클래스룸에 연동되므로, 학교에서 사용하는 학습관리시스템의 아이디로 시작하면 편리하다. o365 아이디로 팀즈에 연동하여 시작하자.

---

3 최근 업데이트되어 '그리드'라는 용어 대신 '그룹(Group)'을 쓰고 있다

그림 5-19 그리드(학급)와 토픽(토론방) 만들기

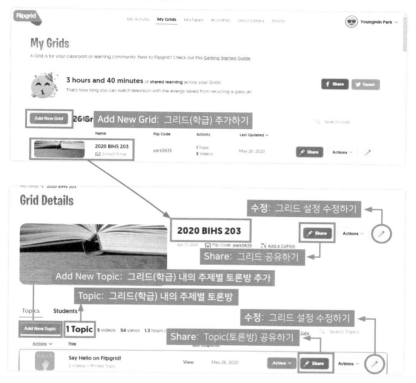

플립그리드에서 그리드(학급) 내에 여러 개의 토픽(주제) 즉, 토론방을 개설할 수 있다. 예를 들면 과제의 제목을 토픽 타이틀로 한다. **그림 5-19**의 첫 번째 그림은 개설된 26개의 그리드(학급) 중 하나를 선택하는 장면이다. 선택하면 두 번째 그림처럼 그 학급에 개설된 토픽(토론방)을 볼 수 있는데, 이 그리드(학급)에는 현재 1개의 토픽이 있다. 이 토픽 즉, 토론방 혹은 과제의 설정을 수정하려면 토픽의 타이틀 오른쪽 끝에 있는 연필 아이콘(수정)을 선택한다. 다음은 수정할 수 있는 설정이다.

그림 5-20 토픽(토론방) 설정 수정하기

Title: 토론방 주제 쓰기

영상 시간 제한: 학생들이
만들 영상의 길이 설정하기

Topic Tip: 주제 상세 설명

Topic Attachment: 보충
자료 첨부

Topic Status: 학생들의 영
상 제출 기한 설정

Video Features: 학생 영
상과 관련된 추가 기능(영상
제목 쓰기, 조회수 세기, 메
모 붙이기, 수정 가능, 추가
링크 첨부, '좋아요' 누르기,
학생끼리 반응 주고 받기
등) 설정

Feedback:
교사의 피드백 제공과 채점
에 관한 사항 수정

Add Criteria:
채점 기준 추가

Update Topic: 설정 수정 후 저장하기

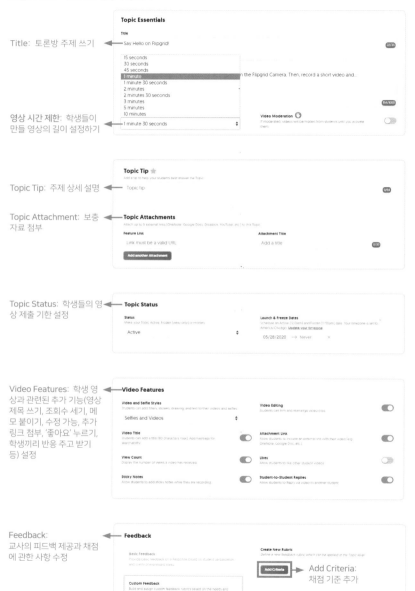

토론방의 제목을 설정하는 것부터 수정할 수 있는 설정은 다양한데, 가장 중요한 것은 '영상시간 제한'이다. 교사가 디자인한 과제에 알맞은 영상 시간을 미리 설정해두면 학생들은 이 기준에 맞는 영상만 만들어 업로드할 수 있다. 또한 'Video Features'에서 학생들이 서로의 영상에 대한 반응을 남길 수 있도록 설정할 수 있다. 플립그리드 영상은 학생들의 영상을 질적인 방법과 양적인 방법 모두로 평가할 수 있는데, 그 설정은 'Feedback'에서 가능하다. 수정이 끝나면 반드시 [Update Topic]을 클릭하여 저장한다.

그림 5-21 플립그리드 공유하기

플립그리드를 팀즈에서 사용하는 방법은 크게 3가지이다. 첫 번째 방법은 다른 앱을 추가하는 방법과 같은데, [채널]의 [+]버튼을 클릭하여 [웹 사이트]를 추가하고 공유하고자 하는 플립그리드의 링크를 URL 칸에 붙여넣으면 된다. 붙여넣는 링크는 플립그리드의 [Share]를 선택했을 때 보이는 링크이다. 두 번째 방법은 [Share]를 선택했을 때 보이는 링크를 복사하는 대신 아래쪽에 보이는 팀즈 아이콘을 클릭한다. 그 후 나타나는 팝업 창에서 [Share to a channel]을 선택하여 여러 채널에 공유할 수 있다. 세 번째 방법은 두 번째 방법에서 나타난 팝업 창에서 [Create an assignment]를 선택하여 과제로 제시하는 방법이다.

이제 학생들이 플립그리드에서 과제를 제출하는 방법을 알아보자.

그림 5-22 플립그리드 학생 화면

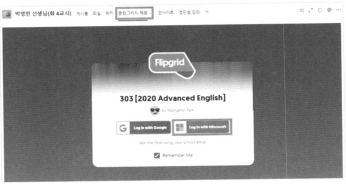

학생들은 별도의 아이디를 만들지 않고 플립그리드를 이용할 수 있다. 교사가 추가한 채널의 탭에서 바로 [Log in with Microsoft(마이크로소프트로 로그인하기)]를 선택하여 o365 아이디로 로그인하면 된다. 로그인한 학생들은 아래로 스크롤하여 커다란 카메라 버튼(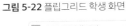)을 찾아 클릭한다. 그러면 영상을 녹화하거나 편집하는 다른 프로그램을 사용하지 않고도, 녹화를 시작할 수 있다. 다음 그림에서 카메라 버튼을 클릭하면 바로 녹화가 시작된다. 녹화가 일단 시작되면 카메라 버튼이 일시 정지 모양의 버튼으로 보이면서 동그라미 주변으로 녹화 진행 상황을 볼 수 있다.

다음 그림에서 옵션[...]을 선택하고 가장 왼쪽에 있는 영상 업로드 메뉴(Upload clip)를 선택한다.

그림 5-23 플립그리드에서 영상 녹화하기/업로드하기

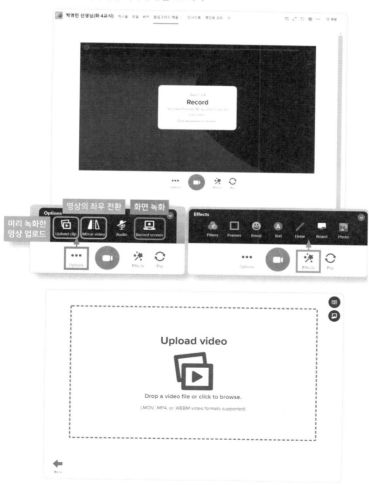

플립그리드 활용 팁

플립그리드에서 녹화할 때 나타나는 카메라 아이콘의 옆에 있는 Effects(효과) 메뉴를 선택하여 활용해 보자. 예를 들면, 녹화하는 학생들의 얼굴을 모자이크하는 기능도 있으므로, 이것을 활용하여 학년 초 활동으로 자기소개 영상을 만들어보도록 한다. 이때 모자이크 기능을 활용하면, 학생들의 모습을 가린 채 말하는 내용만 전달하고, 교실에서 그 인물을 찾도록 하면 학생들의 흥미를 돋울 수 있다.

수업 중에 플립그리드를 활용하는 방법과 이에 따른 장점은 다음과 같다.

- 전통적인 모둠별 발표 활동은 다른 모둠에 무관심하거나, 본인 모둠 발표 준비 때문에 학생들의 집중력이 떨어지는 경우가 많다. 플립그리드를 사용하면, 교실 앞에 나와 모둠별로 발표하는 대신 모둠 활동과 동시에 영상을 플립그리드에 업로드한다. 모둠 활동이 끝나면, 교사는 플립그리드에 모인 영상을 차례로 보여주고 모든 학생은 영상을 시청한다. 자신의 모둠 발표 영상도 관찰자의 입장에서 볼 수 있어 자기 평가가 가능하고, 다른 학생들은 동료 평가에 집중할 수 있다.

- 수업을 마무리하면서 교사가 질문을 제시하고 그에 대한 응답을 플립그리드로 제출하도록 하면 형성 평가를 수행할 수 있다. 학생은 학습 과정을 돌아볼 수 있고, 교사는 학생들의 정답률이나 응답 패턴을 피드백으로 활용하여 수업 재디자인에 활용한다.

- 수업을 마무리하면서 질문을 남기도록 할 수도 있다.

- 모둠별 혹은 개인별로 영어 지문이나 수학 문제를 배당하여 강의 영상을 제작하도록 할 수 있다. 이러한 활동을 통해 학생들에게 책임감을 배양하고 학생들 스스로 주어진 문제를 깊이 있게 학습할 수 있다.

- 플립그리드로 모둠 영상을 제작하면서 학생들은 많은 토론 활동을 하여, 21세기 역량인 협업과 의사소통 능력을 기를 수 있다. 처음 만든 영상이 마음에 들지 않을 때, 제작 과정을 돌아보고 스토리보드를 만들거나 스크립트를 준비하는 등의 활동을 하면서 창의력이나 문제 해결 능력이 향상된다.

3. 지식 습득: 게임처럼 재미있게

고차원 사고 과정인 '적용'이나 '분석' 등을 하기 위해서는 기본 지식을 제대로 알고 활용할 준비가 되어있어야 한다. 수업시간에 기본 지식을 이해하고 암기하는 활동을 하기에는 주어진 시간이 충분하지 않다. 디지털 도구의 도움을 받으면 재미있고 효율적으로 기본 지식 학습을 할 수 있는데 카훗(Kahoot), 퀴즈렛(Quizlet), 클래스카드(Classcard), 퀴지즈(Quizzes) 등 수업 진행이나 학습에 도움을 주는 많은 도구가 있다. 이 중 카훗과 퀴즈렛은 팀즈에 추가하여 브라우저를 새로이 열 필요 없이 팀즈 내에서 바로 학습할 수 있어 효과적이다.

3.1 카훗(Kahoot)

카훗(www.kahoot.com)은 내용을 학습하고 암기하는 것을 돕는 디지털 플래시 카드이다. 학습자 혼자 공부할 수도 있고, AI 플레이어와 함께 게임을 하듯 자신의 실력을 테스트할 수도 있다. 또는 친구들을 초대하여 함께 퀴즈쇼처럼 즐기며 공부할 수도 있다. 이런 방법은 학생들의 자기 주도적 학습능력을 향상시킨다. 교실 수업에선 카훗을 형성 평가에 이용하여 수업 재디자인에 도움을 받을 수 있다. 카훗에서 만든 문제 세트는 다른 교사들과 공유할 수 있어 교사의 업무 부담을 줄인다. 카훗에서 문제를 제작하는 기본 화면은 다음 그림과 같다.

그림 5-24 카훗 문제 제작하기

문제를 제작하면 수업에 활용하거나 과제를 부여하는 팝업이 나타난다. [Play now]를 클릭하면 [Teach(수업하기)]와 [Assign(과제 제시하기)] 중 하나를 선택하는 팝업이 나타난다. 수업 중 전체 학생과 게임을 진행하려면 [Teach]를 선택하고, 학생들이 개별 학습을 하도록 과제 형태로 부여하려면 [Assign]을 선택한다. 선택 후에 또 팝업이 나타나는데 문제가 제시되는 환경을 설정하면 된다.

그림 5-25 카훗 환경 설정하기

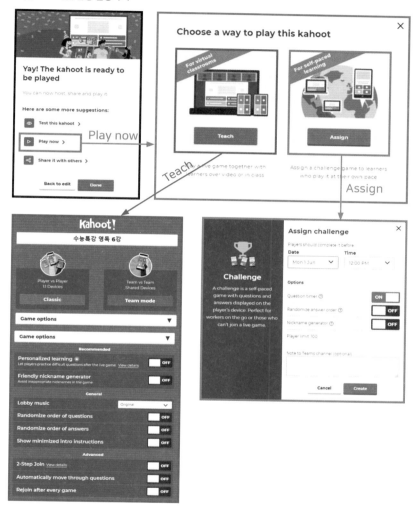

특히, 카훗은 팀즈 내에 직접 추가할 수 있어서 교사는 팀즈에서 학생들의 학습을 점검할 수 있는데, 전체 학급의 학습 이해도가 어느 정도인지 판단하는 데 도움 된다. 팀즈에 추가하여 사용할 때에는 o365 아이디로 로그인할 수 있다.

카홋의 장점은 비실시간으로 퀴즈쇼를 진행할 수 있다는 것이다(student paced challenge). 교사는 카홋 퀴즈를 제시하고 마감 시간을 정해둔다. 학생들은 시간 내에 문제를 풀면 되고, 마감 시간이 지나면, 결과가 팀즈에 게시된다. 실시간으로 카홋을 진행할 때에도 학생들은 팀즈를 떠날 필요 없이 바로 참여할 수 있다.

다음은 학생이 보는 카홋 화면이다. 게시물에 있는 카홋 안내문에서 [Open Challenge]를 클릭하면 다음 그림과 같은 카홋 창이 나타난다.

그림 5-26 학생이 보는 카홋 화면

3.2 **퀴즈렛(Quizlet)**

퀴즈렛(www.quizlet.com)은 카홋과 유사한 점이 많다. 배운 내용을 복습하고 지식을 암기하는 데 좋은 도구이다. 또한 다른 교사들이 공유한 자료를 사용할 수 있으므로, 업무 경감에 도움이 된다. 학생들의 학습 데이터를 확인하여 학생 개개인의 학습 과정을 파악할 수 있다. 퀴즈렛은 단어, 이미지, 오디오 등 멀티미디어를 이용하여 문제 세트를 제작할 수 있다는 장점이 있다. 다양한 주제에 대한 대화형 다이어그램을 만들 수 있는데, 예를 들면 지도나 신체 구조 등의 그림으로 문제를 만들 수 있어 다양한 교과목에서 활용할 수 있다.

퀴즈렛 웹 사이트에서 문제를 제작하는 화면은 다음 그림과 같다.

그림 5-27 퀴즈렛 문제 만들기

퀴즈렛은 기초적인 학습관리시스템 기능을 하므로, 교사와 학생은 학습과정을 점검할 수 있다. 퀴즈렛을 사용할 때, 학급을 만드는 것이 우선인데 [클래스 만들기]를 선택하여 학급을 만들고 학생들을 초대한다. [만들기]를 클릭하여 문제를 만들 수 있는데, 이때 [폴더 만들기]를 선택하여 폴더로 정리해두면 편리하다.

그림 5-28 팀즈에 추가된 퀴즈렛

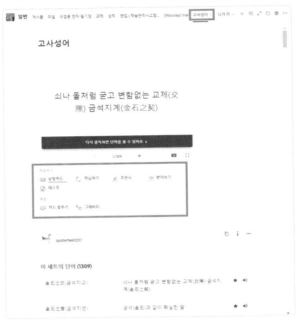

팀즈에 추가된 퀴즈렛 탭이다. 탭 이름을 바꿀 때는 마우스 오른쪽 클릭하고 [이름 바꾸기]를 선택하여 학습 주제에 맞게 이름을 바꿔 본다. 앞 그림은 '고사성어'로 이름을 바꾼 모습이다. 학생들이 학습하는 메뉴는 낱말카드, 주관식, 받아쓰기 등 여러 가지 방법이 있다.

4. **토론: 모두의 목소리**

학생들의 다양한 목소리를 들을 수 있는 토론은 좋은 학습 활동이다. 하지만 교사 입장에서는 토론을 어떻게 시작해야 할지 몰라 막막할 수 있고, 학생 입장에서는 의견이 있더라도 자신 있게 선뜻 말하지 못할 수도 있다. 토론이 원활하게 진행될 수 있도록 돕는 웹 서비스로는 멘트(Ment.io), 페어덱

(Pear Deck), 솝박스(Soapbox), 멘티미터(Mentimeter) 등이 있다. 이 중 팀즈에 쉽게 추가할 수 있는 멘트와 페어덱을 사용하는 방법을 알아보자.

4.1 멘트(Ment.io)

멘트(https://www.ment.io/)는 팀의 의사결정을 돕는 도구이며 찬반 토론에 적합하다. 간단하면서 유연한 토론 구조를 제공하여 실시간으로 화상 모임이나 회의를 하지 않고서도 원활하게 토론할 수 있도록 돕는다. 멘트를 팀즈에 추가하면 다음 그림과 같이 상단 검색창에 [Ment.io]가 보이거나, [게시물]의 메뉴에서 멘트 아이콘이 보인다.

그림 5-29 팀즈에서 멘트 시작하기

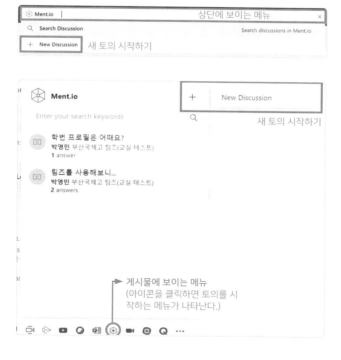

검색창에서 기존의 토의 주제를 찾아 시작하거나, 새로운 토의 문제를 제
시할 수 있다. 하단의 게시물 아이콘을 클릭하면 나타나는 토의 주제 중 하
나를 선택하거나, [+] 버튼을 클릭하여 새로운 토의 주제를 제시한다. 학생
들이 보는 화면은 다음과 같다.

그림 5-30 멘트의 토론에 응답하기

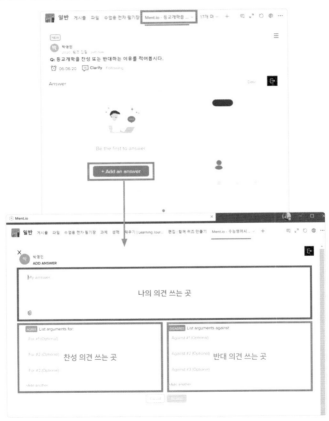

[+Add an answer]를 선택하면 **그림 5-30**의 하단과 같은 팝업 창이 나타난다.
여기에 학생들은 자신의 의견과 찬성이나 반대의 근거를 추가할 수 있다.

4.2 페어덱(Pear Deck)

페어덱(www.peardeck.com)은 프레젠테이션에 추가되어 대화형 프레젠테이션을 만드는 도구이다. 사용하는 문서 도구에 따라 오피스 파워포인트 애드온(https://www.peardeck.com/microsoft)을 설치하거나, 구글 슬라이드 애드온(https://www.peardeck.com/googleslides/)을 설치한다. 팀즈에서 사용할 때는 미리 파워포인트 파일을 만들어 둘 필요 없이, 팀즈 채널에 추가한 페어덱 메뉴에서 바로 페어덱 기능이 추가된 파워포인트 파일을 만들 수 있다. 처음에 안내한 바와 같이 채널에서 [+] 버튼을 클릭하여 페어덱 앱을 추가하면 여러 단계의 팝업 창이 나타난다.

그림 5-31 팀즈에서 페어덱 시작하기

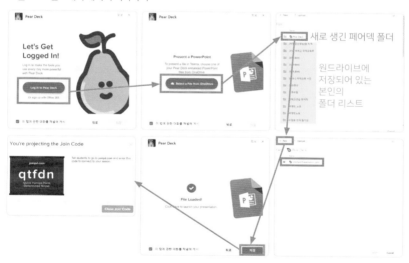

별도의 회원 가입 없이, o365 아이디로 시작하면 된다. [Select a file from OneDrive(원드라이브에서 파일 선택)]을 보고 당황하지 않아도 된다. 팀즈에서 만드는 파일은 모두 원드라이브에 자동 저장되고 있다. 'Pear Deck'이라는 새로운 폴더가 만들어진 것을 볼 수 있다. 이 폴더를 선택하면 다음 팝업에서 '제목 없는 프레젠테이션 파일(Untitled Presentation)'이 이미 만들어져 있음을 볼 수 있다. 이 파일을 선택하여 제목을 수정해도 되고, 상단에 있는 [+ New]를 선택하여 새로운 파워포인트 파일을 만들어도 좋다. [저장]을 선택하면 학생들이 입장하는 코드가 나타나는데, 이를 기억할 필요는 없다. 이 코드는 만들어진 파워포인트 파일에 항상 나타나 있다.

이렇게 새로운 파워포인트 파일을 만들면 파워포인트와 유사한 화면이 나타난다. 오른쪽 상단에는 학생들이 사용할 코드가 보이는데, 클릭하면 코드가 크게 보인다. 슬라이드를 추가할 때는 오른쪽 하단에 있는 [New Prompt(새 질문)]를 선택하면 된다.

그림 5-32 페어덱 프레젠테이션 만들기

페어덱에서 제공하는 prompt(질문)의 종류는 아주 다양하다. 평소에 학습지 등을 통해 아날로그 형식으로 하던 활동들이 디지털화되어 있음을 확인할 수 있다. 대화형 프레젠테이션이라서 여러 학생이 동시에 하나의 페이지에 자신의 의견을 밝히므로, 학생들은 자신의 의견이 전체에 반영되는 것과 친구들의 의견을 한눈에 볼 수 있다. 따라서 학생들의 흥미를 돋우고, 참여 의식을 높일 수 있다. 교사로서는 학급의 생각을 한눈에 볼 수 있어서 수업 진행에 효과적이다.

대화형 프레젠테이션을 실시하기 위해서 학생들은 로그인할 필요 없고, 교사가 제공하는 링크나 코드로 참여하면 된다. 학생들이 익명으로 참여할 수 있다는 뜻이다. 단, 학습관리시스템인 팀즈에 추가하여 기능을 제대로 활용하기 위해서는 o365 아이디로 로그인하는 것을 추천한다.

5. 질문: 메타 인지 기르기

질문하기는 중요한 메타 인지 활동 중 하나이다. 질문하는 학생은 그리 많지 않은데, 질문하는 활동을 보다 활성화하는 디지털 도구가 있다. 바로 멘티미터(Mentimeter)와 우클랩(Wooclap)인데, 익명으로 질문받는 기능을 활용하면 자신감이 없어 질문하지 못하는 학생들도 질문하기 쉬워진다.

참고

페어덱에서도 익명으로 질문받을 수 있지만, 비실시간으로 학생들의 질문을 받는다면 멘티미터나 우클랩이 적합하다. 멘티미터나 우클랩도 페어덱과 유사한 질문 형태로 제작할 수 있으므로, 각 도구의 특징을 살펴 수업 목적에 맞게 활용하길 바란다.

5.1 멘티미터(Mentimeter)

멘티미터(www.mentimeter.com)는 페어덱과 유사하게 대화형 프레젠테이션을 돕는 도구이다. 그러나 파워포인트 등에 추가하여 사용하는 페어덱과 달리, 멘티미터는 독립적으로 사용한다. 자체적으로 프레젠테이션 슬라이드가 만들어지기 때문이다. 또 다른 점은 청중이나 학생들이 로그인하지 않고, 교사가 제공한 링크나 코드로 입장한다는 점이다. 모든 응답은 익명이다. 이 특징을 살려 학생들이 질문을 마음껏 할 수 있도록 유도한다. 무료 버전은 하나의 프레젠테이션에서 만들 수 있는 슬라이드의 수에 제한이 있으나, 만들 수 있는 프레젠테이션의 수는 무제한이다. 또한, 참여하는 청중의 수도 무제한이다.

멘티미터는 팀즈에 등록된 앱이 아니므로 채널에 추가할 때는 [웹 사이트]를 선택하여 URL을 붙여넣기 해야 한다. 우선 멘티미터 웹 사이트에서 원하는 프레젠테이션을 만들어둔다. 웹 사이트에서 회원 가입한 후, 프레젠테이션을 만드는 방법은 다음과 같다.

그림 5-33 멘티미터 시작하기(1)

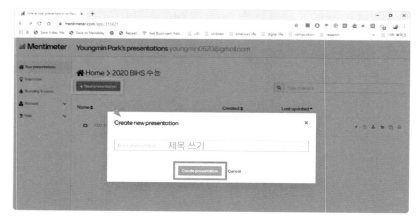

[+New presentation(새 프레젠테이션)]을 선택하면 제목을 쓰는 팝업이 나타난다. 제목을 쓴 후 [Create presentation]을 선택하면 파워포인트와 유사한 화면이 나타난다.

그림 5-34 멘티미터 시작하기(2)

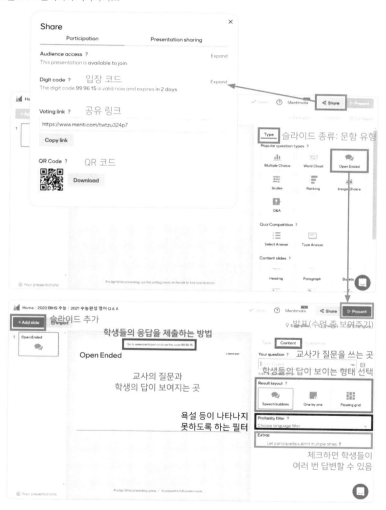

멘티미터에서 문항의 종류는 다양하다. 청중(학생)의 참여를 북돋우는 여러 유형의 질문을 발표 과정에 포함할 수 있다. 팀즈에서의 활용 목적은 학생들의 질문을 받는 것이므로, [Open Ended] 유형을 선택한다. 학생들이 익명으로 참여하는 도구이므로, 혹여 부적절한 어휘를 사용할 수도 있으니 'Profanity filter(비속어 필터)'에서 한국어 혹은 주 사용 언어를 선택한다. 학생들이 하나 이상의 질문을 하도록 하고 싶다면 [Let participants submit multiple times]를 체크한다. 실시간 응답을 받는 장면을 참여자들과 보고 싶다면 오른쪽 상단의 [Present]를 클릭한다.

학생들의 응답을 받는 방법은 인터넷 주소창에 'www.menti.com'를 쓰고, 주어진 코드(숫자 6자리)를 입력하면 된다. 학생의 참여를 이끄는 다른 방법은 오른쪽 상단의 [Share]를 선택하여 나타나는 팝업 창을 보면 알 수 있다.

두 번째 방법은 코드 대신 응답을 직접 입력하는 주소나 QR 코드를 알려주는 것이다. 이 주소를 팀즈의 채널에서 추가 버튼([+])을 클릭한 다음 [웹 사이트] URL 입력 창에 붙여넣기 하면 팀즈에서 바로 입력 창이 나타난다.

참고

학생들에게 수업 외 시간에 질문을 받고 싶다면 접속 코드를 장기간 유지해야 한다. 접속 코드를 2일, 7일, 14일 간 유지할 수 있는데, **그림 5-34**의 [Share]를 클릭했을 때 나타나는 팝업창에서 [Digit Code]의 오른쪽에 있는 [Expand]를 클릭하여 원하는 기간을 선택한다. 이 과정을 반복하면 코드의 유효 기간을 연장할 수 있다.

그림 5-35 팀즈에 학생들의 멘티미터 응답 창 추가

멘티미터의 장점은 실시간 대화형 프레젠테이션임에도, 발표자(교사)와 청중(학생)이 같은 공간, 같은 시간에 있지 않은 경우(비실시간 학습)에도 아주 효과적인 의사소통을 할 수 있다는 점이다. 작성한 멘티미터에 학생들의 응답을 받은 샘플 화면은 다음과 같다.

그림 5-36 멘티미터에서 학생들의 응답을 받은 결과 화면

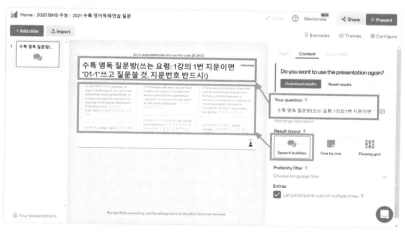

앞의 그림은 멘티미터 웹 페이지에서 볼 수 있는, 학생들의 응답을 받은 장면이다. 앞서 본 바와 같이 오른쪽의 'Your question'에서 쓴 교사의 질문 내

용은 왼쪽 슬라이드에 나타난다. 학생들이 각자의 기기에서 입력한 응답 내용은 교사의 질문 아래에 'Speech bubbles(말풍선)' 형태로 보인다. 함께 보려면 오른쪽 상단의 [Present]를 선택하면 되는데, 다음과 같다.

그림 5-37 멘티미터에서 학생들의 응답 결과 보기, 팀즈에 결과 추가하기

앞 그림을 살펴보면 프레젠테이션에 학생들이 응답한 개수는 60개(오른쪽 하단)이다. 실제 교실에서 수업하거나, 원격 수업 혹은 실시간 수업이라면 이 화면을 학생들에게 보여주면서 진행하면 된다. 개별 응답을 크게 보고 싶다면 해당 응답을 클릭하면 된다.

비실시간 수업(asynchronous learning)이라면 교사가 멘티미터 웹 사이트에서 화면을 보여주기 어렵다. 교사의 아이디로 로그인해야 볼 수 있기 때문

이다. 그러나 팀즈 채널에 탭을 추가하면 가능하다. 팀즈 채널에서 [웹 사이트]를 추가하는 방법을 활용한다. 멘티미터 결과를 볼 수 있는 인터넷 주소를 복사하여 [웹 사이트]의 URL에 붙여넣기 하면 학생들도 결과를 함께 볼 수 있다.

그림 5-38 팀즈의 채널에 추가된 멘티미터 응답 결과 화면

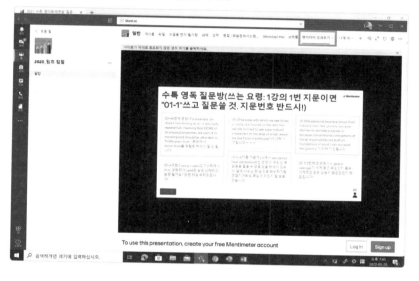

학생들의 응답 결과 활용

멘티미터는 학생들이 학습에 관련된 질문을 자유롭게 할 수 있도록 도움을 준다. 학생들의 질문에 답을 제공하는 방법으로는 크게 두 가지를 추천한다.

1. 교사가 직접 답하고자 할 때는 팀즈의 [수업용 전자 필기장]이나 [게시물], [파일]에 질문과 답을 게시한다. 이때 여러 반에 한 번에 게시하는 방법을 활용하면 전교생에게 쉽게 전달할 수 있다.

2. 학생들이 질문에 답하도록 할 수 있다. 학생 개인이 답하도록 하기보다는 모둠 활동을 활용한다. 이 경우, 질문을 분류하여 모둠에게 나눠주고 토론을 통해 답을 찾아보도록 한다.

우클랩(Wooclap)

멘티미터와 유사한 앱으로 우클랩(www.wooclap.com)이 있다. 우클랩은 팀즈에 등록된 앱으로, 채널에서 앱을 검색하여 추가하면 된다. 무료 버전은 한 번에 사용할 수 있는 슬라이드가 2개이며, 참여자는 1,000명까지 제한된다.

우클랩을 팀즈의 채널에 추가하는 방법은 다른 앱과 유사하다. [+] 버튼을 클릭하여 "Wooclap"을 검색하고 선택하면 팝업이 나타난다. 'Event name'에 원하는 제목을 쓰고 저장한다.

그림 5-39 팀즈의 채널에 우클랩 추가하기

우클랩이 팀즈에 추가된 화면은 다음 그림과 같다. 우클랩 역시 제공하는 문항의 종류는 매우 다양하다. 추가된 우클랩에서 [votes]를 선택하여 교사가 학생들에게 질문할 문항의 종류를 결정한다. 오른쪽 꺾쇠(>)를 클릭하면 더 많은 문항의 종류를 확인할 수 있다.

그림 5-40 팀즈의 채널에 추가된 우클랩, 문항의 종류 선택하기

우클랩 메뉴 탭에서 [votes] 옆에 있는 [messages]를 선택하면 학생들의 응답 환경을 설정할 수 있다.

그림 5-41 우클랩에서 학생 응답 환경 설정하기

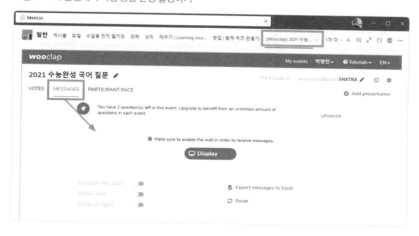

[Activate the wall(담벼락 활성화)]를 통해 학생들의 응답을 받을지, 마감할지 정할 수 있다. 학생들이 서로의 응답에 반응을 보이게 하거나([Allow likes]), 이미지 파일 제출 가능 여부([Allow images])도 설정할 수 있다.

우클랩 질문의 종류를 [Open Question]으로 선택하여 학생들의 질문을 유도하면 다음 화면과 같이 설정된다.

그림 5-42 우클랩에서 학생들의 응답을 받은 화면

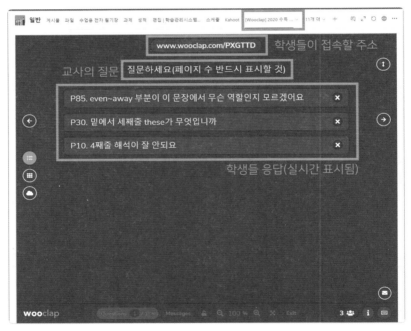

학생들이 응답을 입력할 주소는 상단에 보인다. 멘티미터는 학생들의 응답을 받는 화면을 추가해야 하지만, 우클랩은 학생들이 별도로 웹 페이지를 열어서 주어진 인터넷 주소로 이동한 후 응답을 입력해야 한다. 응답 결과가 보이는 화면이 멘티미터보다 단순하고 깔끔하다는 장점이 있다.

이번 챕터에서는 다양한 수업 디자인을 위한 앱을 소개하였다. 소개된 앱은 브레인스토밍, 토론, 동영상 시청과 제작, 퀴즈와 같은 형태로 학생들의 확산적 사고와 수렴적 사고를 돕는 디지털 도구들이다. 팀즈와 별도로 각각의 웹 사이트에서 활용할 수도 있고, 팀즈에 앱을 추가하여 사용할 수 있으므로 더욱 편리하고 효과적이다.

디지털 도구를 활용하고자 하는 교사들은 여기에 소개된 순서대로 자신이 디자인하는 수업의 목적과 학생들의 학습 스타일을 고려하여 학습 경험을 우선 설정한다. 그 후, 학습 경험에 가장 적합한 기능을 가진 도구를 선택하는 것이 좋다. 디지털 도구의 기능에 현혹되어, 도구에 맞춰 학습 경험을 디자인하는 주객전도의 실수는 하지 않길 바란다.

여기에 소개된 도구들은 각각의 기능이 서로 유사하기도 하지만 독특한 기능을 가진 도구들이다. 또한 제한된 분량으로 인해 미처 이 책에서 언급하지 못한 수업이나 학습 활용 방법이 많다. 따라서, 각각의 웹 사이트에서 도구들의 특징을 잘 살펴보고, 더 많은 수업 디자인을 고안해보기를 권한다.

이어지는 Chapter 6에서는 학습경험을 넘어 팀즈를 효과적으로 활용하는 방법에 대해 소개하도록 하겠다.

MS 팀즈 수업 디자인

Chapter

팀즈와 슬기로운
학교 업무

Chapter 06 **팀즈와 슬기로운 학교 업무**

지금까지 팀즈란 무엇인지, 팀즈로 어떻게 온라인 학교와 교실을 운영하는지, 온라인 수업과 블렌디드 수업을 어떻게 디자인하는지 알아보았다. 이번 챕터에서는 수업 디자인 외에 수업 시작과 수업 후, 그리고 학교 업무 시 팀즈를 다양하게 활용하는 팁에 대해 살펴보자.

먼저 팀즈를 통한 실시간 또는 비실시간 온라인 수업을 운영할 때 가장 고민되는 출석 확인 방법의 다양한 방법을 알아본다. 팀즈는 화상 모임을 포함한 학습관리시스템이므로 다양한 방법으로 출석을 확인할 수 있다.

두 번째로는 수업 안팎에서 빈번히 시행하는 설문조사와 집계를 팀즈로 손쉽게 하는 방법을 자세히 알아본다. 학교에서의 설문조사는 아주 다양한 장면에서 교직원, 학생, 학부모 등을 대상으로 이뤄진다.

세 번째는 담임 업무이다. 담임으로서 학급을 관리할 때, 자기주도학습 관리, 진로 상담 및 진로 활동 관리, 학생에 대한 이해 자료 관리가 중요한데 그 업무량이 적지 않다. 팀즈를 활용하여 포트폴리오를 구성하면서 체계적으로 관리하는 팁을 살펴본다.

다음으로는 많은 교과 담당 교사의 고민인 수업-평가-기록의 일체화를 다룬다. 학교에서 과정 중심 평가가 중요해지면서 학교생활기록부가 학생 이해 및 상급학교 진학의 중요한 자료가 되었다. 이에 따라 수업-평가-기록의 일체화 필요성이 대두되었고, 교사의 관찰과 평가가 중요해졌다. 수업에 팀즈를 활용하면 자연스럽게 다양한 디지털 로그를 기록할 수 있다. 팀즈를 활용한 교사의 관찰과 기록에 대한 업무 부담을 경감하는 다양한 디지털로그 활용 팁에 대해 살펴본다.

마지막으로는 학년말 학년초 업무 인수인계를 수월하게 하는 팁이다. 학교 업무를 효율적으로 처리하기 위해서는 지난해부터의 다양한 자료가 축적되고 관리되어 인수인계되어야 하며 현재 업무 파일도 원활하게 공유되어야 한다. 협업하는 자세로 업무 인수인계를 원활하게 하도록 팀즈를 활용해보자.

1. **출석 확인**

온라인 수업은 실시간 쌍방향 화상 수업, 콘텐츠 활용 중심 수업, 과제 수행 중심 수업 등 다양한 형태로 진행된다. 시도교육청의 운영 지침 범위 안에서 학교장이 정한 방법으로 한 가지 또는 두 가지 이상 유형을 혼합하여 운영할 수 있다. 교육부에서는 원격수업의 유형별 출석 확인 방법을 예시로 제시하였다.[1] 이번 절에서는 팀즈를 활용한 실시간 쌍방향 수업과 비실시간 수업의 출석 확인 방법을 사례로 살펴보자.

1.1 **실시간 수업일 때**

팀즈의 화상 모임 기능을 활용한 실시간 쌍방향 수업에서 교사가 직접 출석(수업 참여) 여부를 확인하는 방법으로는 다음의 4가지 방법이 대표적이다.

---

1   코로나-19대응을 위한 원격수업 출결·평가·기록 가이드라인(2020.4. 교육부)

1. 오프라인 수업과 동일하게 출석을 부르고 응답하는 학생의 얼굴을 화상으로 확인하며 출석 체크한다.

2. 학생의 비디오 또는 오디오가 켜져 있는지를 확인하거나, 빠르게 출석 체크하려면 그림 6-1 의 [참가자 표시] 아이콘을 클릭하여 오른쪽에 '참석자' 명단으로 체크한다.

그림 **6-1** 화상 모임에서 참가자 표시

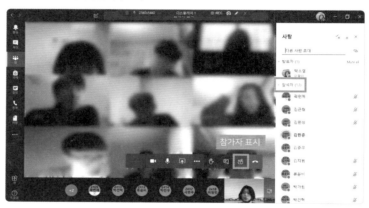

학생들의 비디오/오디오 켜기가 안될 경우에 교사가 출석을 부르면 학생들은 그림 6-2와 같이 [손들기] 기능으로도 응답할 수 있다.

그림 **6-2** 화상 모임에서 손들기

3. 온라인 쌍방향 화상 수업 후 일괄 출석 체크하려면 수업 종료 직전 그림 6-3과 같이 화상 모임 화면 오른쪽 상단에 [참석자 목록 다운로드] 아이콘을 클릭하여 엑셀 파일을 다운로드 한다.

그림 6-3 화상 모임에서 참석자 목록 다운로드

학생들의 수업 참여 정보가 '타임 스탬프'로 저장되어 있다.

그림 6-4 참석자 목록을 다운로드한 파일

	A	B	C
1	성명	사용자 작업	타임스탬프
2	박◼◼◼	참가함	2020. 5. 19. 오전 9:01:01
3	이◼◼◼	이전에 참가함	2020. 5. 19. 오전 9:01:01
4	이◼◼◼	왼쪽	2020. 5. 19. 오전 10:17:12
5	이◼◼◼	참가함	2020. 5. 19. 오전 10:17:52
6	김◼◼	이전에 참가함	2020. 5. 19. 오전 9:01:01
7	김◼◼	이전에 참가함	2020. 5. 19. 오전 9:01:01

4. 그림 6-5와 같이 [대화 표시] 아이콘을 클릭하여 학생들이 화상 모임 채팅창에 "출석했습니다"라고 글을 남기면 이것이 화상 수업 종료 후에 로그로 남아, 언제든지 출석 체크할 수 있다. 로그엔 메시지를 남긴 시각도 표시되므로 정확한 출석 체크가 가능하다.

그림 6-5 화상 모임에서 대화 표시 아이콘 및 모임 종료 후 로그에 남은 대화 메시지

1.2 비실시간 수업일 때

비실시간 수업의 경우 콘텐츠 활용 중심 수업이나 과제 중심 수업 형태이
므로 팀즈의 학습관리시스템 기능을 활용하여 디지털 활동 로그 중심으로
학생의 출석(수업 참여)을 확인한다. 즉, 학습 시작 및 완료 일시, 접속 기록
이나 산출물 탑재 등으로 확인하는 것인데, 팀즈의 탭 메뉴를 중심으로 살
펴보자. 정해진 기간 내 학생이 수업 및 과제를 활용한 것을 보고 출석을 확
인할 수 있어야 한다.

- **게시판 활용 - 한 문항 퀴즈 활용:** 한 문항의 폼즈 서식을 게시판에 바로 삽입하여 응답
  을 체크하는 것으로 접속을 확인한다. 한 문항 설문은 출석 확인 질문 또는 전에 했던 수
  업 관련 질문일 수도 있고 지속적인 교육을 위한(예를 들어 온라인 에티켓 등) 질문일 수도
  있다. 온라인 에티켓과 관련한 온라인 서약(녹음 및 유포, 채팅으로 비방 및 수업 방해를 하지
  않겠다는 서약) 질문과 접속 체크를 동시에 하는 방법은 Chapter 1의 4. 온라인 수업 에
  티켓 절을 참고한다. 다음 그림은 전에 했던 수업과 관련한 폼즈 한 문항 질문과 접속 체
  크를 함께 하는 예시이다. 주의할 점은 게시판에 바로 삽입하는 한 문항의 설문은 o365
  포털의 폼즈 앱에서도 조회되는데 제목으로도 구분될 수 있도록 질문에 '날짜'와 '학반'
  정보가 들어가도록 구성하는 것이 좋다.

그림 6-6 게시물에 한 문항 질문 추가

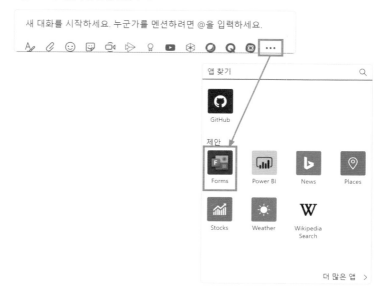

- **게시판 활용 - 질의 응답 활용:** 게시판 게시글에는 다음 그림처럼 '서식', '첨부', 'Youtube 삽입' 기능 외에 추가 기능을 선택하여 사용할 수 있다. 그중, '서식'을 클릭하면 그림 6-8과 같이 좀 더 다양한 편집 기능과 '코드 삽입', '표 삽입' 기능도 사용할 수 있다.

그림 6-7 게시글 작성 메뉴

그림 6-8 게시글에서 '서식' 메뉴 사용

교사는 다양한 기능을 활용하여 간단한 과제를 게시물에 바로 제시하고 학생들은 게시물의 '회신' 기능으로 과제를 해결하여 회신한다. 학생 과제 회신 시 날짜와 시간 정보가 표시되므로 비실시간 수업에서 출석을 확인하는 데 용이하다.

그림 6-9 게시물에 과제를 안내하고 회신으로 과제 제출

- **전자 필기장 활용:** [수업용 전자필기장]의 기본적인 노트 구성은 [과제], [수업 노트], [유인물], [퀴즈]이다. 물론 필요에 따라 노트명을 수정하거나 추가 및 삭제도 가능하다. 기본적인 노트 중 [수업 노트]에 수업 일자별 노트 페이지를 추가하여 간단하게 핵심 내용이라도 수업 일자별로 정리하게 지시하면 그림 6-10과 같이 노트를 기록한 날짜와 일시가 정확히 표시되므로 출석을 확인할 수 있다.

그림 6-10 전자 필기장 노트로 출석 확인

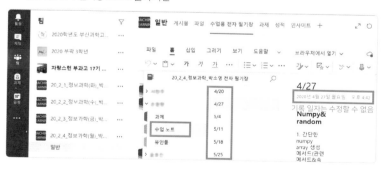

- **과제 활용:** [팀 만들기]에서 제공되는 팀 유형은 4가지이다. 이중 [수업]팀의 경우만 '과제'가 제공된다.

그림 6-11 팀 만들기 유형

팀 유형 선택
수업
토론, 그룹 프로젝트, 과제
전문 학습 커뮤니티
(PLC)
교육자 작업 그룹
직원
학교 행정 및 개발
기타
동아리, 공부 모임, 방과 후 활동

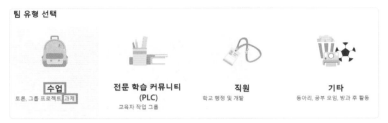

- 즉, 초등학교의 학급팀이나 중고등학교의 교과 수업팀은 [수업] 유형으로 팀을 만들어야 과제를 할당하고 채점하여 집계할 수 있는 것이다.
- 수업팀 상단의 [과제] 탭은 수업 유형의 팀에서 기본적으로 제공되는 탭이며 교사가 과제를 만들어 그림 6-12처럼 '만료 날짜'를 정하여 학생들에게 할당(게시판에 나타남)하면 학생들에게는 '기한'과 '종료 날짜'가 안내된다(자세한 과제 작성 방법은 Chapter 3의 3. 비실시간 개별 학습 절을 참고하길 바람).

그림 6-12 과제에서 제출 마감 기한 설정

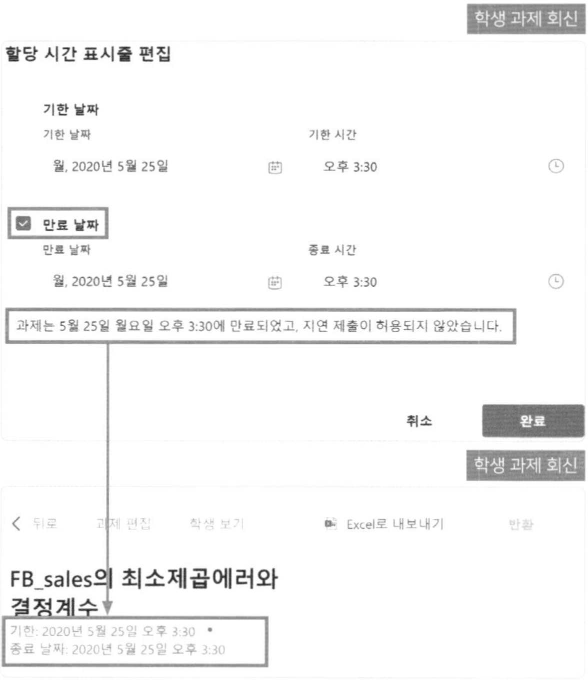

학생 과제 회신
할당 시간 표시줄 편집
기한 날짜
기한 날짜
기한 시간
월, 2020년 5월 25일
오후 3:30
만료 날짜
만료 날짜
종료 시간
월, 2020년 5월 25일
오후 3:30
과제는 5월 25일 월요일 오후 3:30에 만료되었고, 지연 제출이 허용되지 않았습니다.
취소
완료
학생 과제 회신
뒤로
과제 편집
학생 보기
Excel로 내보내기
반환
FB_sales의 최소제곱에러와 결정계수
기한: 2020년 5월 25일 오후 3:30
종료 날짜: 2020년 5월 25일 오후 3:30

◦ 과제 종료 일자 이후에 교사는 개별 학생의 과제 '확인함', '제출함'의 시간 정보를 확인할 수 있으므로 시작 일시와 완료 일시, 접속 시간, 산출물 제출을 모두 한 번에 확인하여 비실시간 출석 확인용으로 적합하다.

그림 6-13 과제 제출 시간 기록

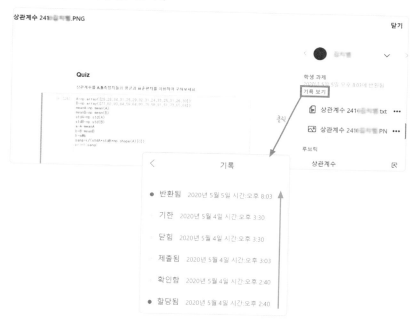

◦ **탭 추가 - 인사이트 활용:** 기본 제공되는 탭은 아니지만 [+]로 [인사이트] 탭을 추가하면 학생들의 디지털 활동 로그(시간 또는 횟수)의 정량적 정보를 확인할 수 있다. 오른쪽의 특정 날짜를 선택하여 해당 일의 '디지털 활동' 그래프를 분석하여 시작 일시와 완료 일시, 접속 시간 등을 알 수 있고 이를 통해 출석을 확인할 수 있다.

그림 6-14 인사이트에서 날짜별 활동 시각 로그

2. 수업-평가-기록의 일체화

학생 평가에 대한 패러다임이 바뀌고 있다. 학습 결과 중심 평가에서 교수-학습 과정(수업) 활동의 한 구성요소로, 교수-학습 중에 지속해서 시행되어 학생의 성장에 도움을 주는 평가가 되었다. 즉, 교사가 주도하는 결과 중심의 총괄적 평가에서 벗어나 결과뿐 아니라 과정도 중요한 평가가 된 데 더해, 교사뿐 아니라 학생 스스로 하는 자기 평가와 동료 평가도 중요한 평가로 전환된 것이다.

학습의 과정이 중요하므로, 일회성 평가가 아닌 지속적인 관찰에 따른 종합적 평가가 필요하고 인지적 영역뿐 아니라 학습의 전 과정에서 드러나는 정의적 영역에 대한 평가도 이루어져야 한다. 즉, 수업 과정이 곧 평가 과정이 된 것이다.

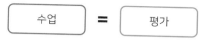

또한, 학교생활기록부의 정성적 평가가 학생 이해 및 상급학교 전형을 위한 자료로 중요해지면서 창의적 체험 활동의 특기사항과 교과 세부 능력 및 특기사항의 기록에 대한 중요성이 강조되고 있다. 학교생활기록부 기재에 대한 훈령 및 기재요령에서 창의적 체험 활동은 다음과 같이 명시하고 있다.

- 창의적 체험 활동은 4개 영역(자율 활동, 동아리 활동, 봉사 활동, 진로 활동)별 이수시간 및 특기사항을 기재하되 특기사항의 경우 개별적 특성이 드러나도록 해야 한다.
- 학생의 영역별 활동에 대해 교사가 상시 관찰하고 평가하여 누가기록한 것을 바탕으로 학생의 구체적인 활동 사실과 학생의 태도 및 노력에 의한 행동 변화와 성장을 기록해야 한다.

교과 세부 능력 및 특기사항은 다음과 같이 명시한다.

- 과목별 성취 기준에 따른 성취 수준의 특성 및 학습 활동 참여도를 문장으로 기재해야 한다.
- 학생 참여 중심의 수업과 이와 연계된 수행평가에서 관찰한 내용을 기재한다.

이 두 가지 영역의 특기사항이 학교생활기록부에서 학생의 개별적 역량을 가장 잘 드러내는 항목이다. 그 주요 사항은 교사가 모든 학생을 관찰하고 꼼꼼히 누가기록하여 학생 개별 역량과 특성, 참여도가 드러나도록 '기록'해야 한다. 결국 수업이 곧 평가이고 기록인 것이다.

이러한 패러다임의 전환을 '수업-평가-기록의 일체화'라고 한다. 이러한 변

화에 따라 교사는 수업도 준비하여 진행해야 하고 수업 중에 모든 학생을 꼼꼼히 관찰하여 정량적·정성적 참여 사실과 과정을 누가기록해야 하므로 더 많은 부담을 갖게 된다.

이에 학생의 수업 참여 및 과제 수행, 수업 태도(성실성, 적극성 등) 등을 교사가 직접 누가기록하지 않아도 항상 디지털로 자동으로 기록이 남는 다양한 학습관리시스템 플랫폼의 사용이 그 어느 때보다도 필요하게 되었다.

팀즈에는 학생들의 이러한 누가 기록이 디지털화되어 남아있다. 교사가 관찰하여 누가기록하는 부분을 대신하는 디지털 로그 중심으로 살펴보자. 학생의 참여도, 태도, 과제 수행, 동료 평가 및 자기 평가 등이 팀즈의 메뉴 곳곳에 로그로 남아있다. 교사는 이후 과정 평가에 이를 활용하여 수행평가 점수 및 학교생활기록부 기재에 반영할 수 있다.

2.1 게시물 로그

여러 장에 걸쳐 살펴본 팀즈에서의 [게시물]의 활용 예는 다음과 같다.

1. 교사의 수업 안내 및 공지사항 게시
2. 팀즈의 탭 메뉴 추가 또는 과제 할당 시 자동 안내 게시
3. 간단한 과제 안내 및 '회신' 기능으로 과제 제출
4. o365의 주요 앱에서 협업 작업하는 문서의 주소 공유(Forms, sway, onedrive 등)
5. 학생 간의 자발적 정보 공유(질의응답 및 문제 해결 정보 공유 등)

각각에 대해 과정 평가 및 기록으로 활용되는 영역으로 분류해보면 다음과 같다.

- 2, 3, 4: 과제 평가(수행평가 산출물) 및 관련한 태도(제출 마감 기한 준수 등) 반영

■ 5: 학생 참여 중심 수업 태도 평가 반영

과제 등의 정량적 평가보다는 정성적 평가인, 교사의 관찰 및 누가기록을 대신하는 디지털 로그 중심의 사례를 살펴보자.

학생 간 자발적 정보 공유: 정성적 평가

다음 그림은 어떤 학생이 문제 해결에 도움이 될만한 좋은 아이디어를 게시하여 공유하였고 이에 대해 같은 반 학생들이 다시 묻거나, 친절한 설명에 고마워하는 회신(또는 이모티콘)을 한 사례이다. 이러한 내용은 팀즈 내 게시물 로그로 그대로 남는다.

그림 6-15 학생의 아이디어 공유

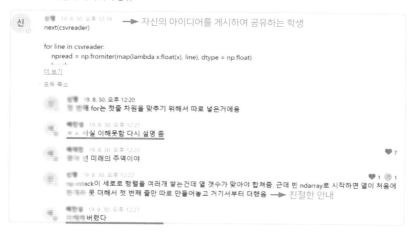

교사는 이를 바탕으로 학생의 수업 태도에 정성적 기록을 하거나 또는 정량적으로 점수를 부여할 수 있다. 또한 실제 사례를 중심으로 적극성, 이타적 태도 등을 학교생활기록부에 기재할 수 있다.

다음은 어떤 학생이 학습을 이해하는 데 도움이 될 사이트를 친구들에게 소개하는 게시글이다.

그림 6-16 학생 간 좋은 사이트 공유

지필 평가를 앞두고 시험공부에 도움을 주고자 문제를 만들어 공유하는 학생도 있다. 시험공부로 다들 바쁜 시기지만, 친구들에게 도움을 주고자 하는 배려심의 사례로 기록할 수 있겠다.

그림 6-17 학생 간 지필고사 대비용 문항 공유

다음은 웹크롤링 수업시간에 어떻게 파일 소스를 봐야 할지 모르는 친구들에게 도움을 주고자 직접 화면 캡처하여 마우스로 설명을 적은 후 공유한 화면이다.

그림 6-18 학생 간 조력

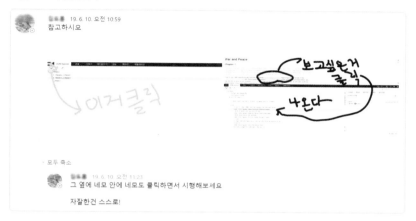

디지털 시대 학생들은 손을 들어 질문하고 답변하는 것보다는 오히려 이런 게시글과 회신 또는 채팅에 더 익숙하다. 이러한 특징을 살려 팀즈의 게시물 기능을 학생들이 토론하거나 의견을 공유하는 공간으로 활용한다면 교사의 입장에서는 손쉽게 학생 참여를 누가기록할 수 있다.

2.2 온라인 실시간 쌍방향 수업 로그

팀즈에서 온라인 실시간 쌍방향 수업을 할 때의 상황이 디지털화되어 남아, 후에 교사가 참고할 수 있다. 예를 들어, 학생들은 [대화 표시] 아이콘을 클릭하여 채팅으로 대화할 수 있다. 교사가 화면을 공유하며 강의 중이라면 학생들의 채팅 내용을 볼 수 없는데, 팀즈의 화상 모임이 종료된 후에 로그로 남아 있는 채팅 기록을 놓치지 않고 살펴보는 것이 가능하다.

학생 미션 수행보고 및 질의응답(완성도 체크, 수업 참여도)

수업 과정 중에 교사가 간단한 미션 또는 퀴즈를 제시하였을 경우 학생들이 완성했는지 일일이 체크하고 기록하지 않아도 된다. 학생들이 완성한 후, 채팅에 "완성했습니다"라는 메시지를 남기도록 하고 교사는 [수업용 전자 필기장] - [과제] 노트에서 수행한 내용을 확인하여 체크한다. 기록한 시간과 보고한 시간이 모두 디지털 로그로 남기 때문에 교사는 평가나 기록할 때 언제든지 확인할 수 있다.

그림 6-19 미션 수행 채팅 보고 및 확인

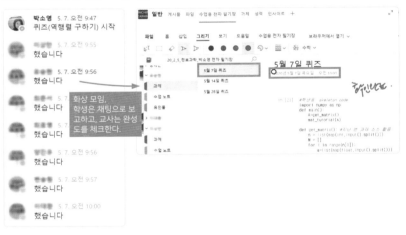

다음 그림은 학생이 미션을 수행하는 도중, 문제가 발생하여 교사에게 도움 요청 메시지를 남겼을 때 교사가 팀즈의 [채팅]으로 학생과 1:1 화면 공유하며 도움을 주는 상황이다. 즉, 개별 맞춤형 수업이다. 1:1 화상 모임도 녹화해두면 [채팅]에서 언제든지 그 상황을 확인할 수 있다. 학생이 문제 해결을 위해 적극적으로 교사에게 도움을 요청한 사례로 참고할 수 있는 로그이다.

그림 6-20 교사와 1:1 학생 조력 로그

화상 모임(수업) 중에 학생들은 채팅으로 간단한 질문을 하기도 한다. 질의와 응답이 시간 정보와 함께 로그로 남아서 학생 각각의 이해도와 성장 과정을 추적할 수 있다.

그림 6-21 화상 모임 도중 학생과의 질의응답 로그

2.3 과제 로그

개별 과제의 수행 과정과 모둠 과제의 참여도, 서로의 과제에 대한 학생들의 반응과 피드백, 그리고 교사의 피드백까지 팀즈에 기록되어 있어 언제나 확인이 가능하다. 학생들의 과제를 종이로 받아 채점하는 상황이나 이메일로 과제 파일을 받아 채점하는 상황과 비교해보자. 팀즈의 과제 로그는 과제 자체와 채점 기록뿐만 아니라, 교사와 학생들 간의 다방향 의사소통까지 포함하고 있다. 이 기록은 학생들의 성장을 다양한 관점에서 관찰

할 수 있게 돕고, 필요한 경우 어느 때나 확인할 수 있으므로 아주 소중한 자료가 된다. 이어서 구체적인 사례로 살펴보자.

사례 1: 과제 제출 및 학생 간 피드백

수업시간에 특정 용어나 개념을 개별적으로 탐구하는 과제를 제공한 후, 학생들이 직접 [게시물]에 과제를 게시하고 발표하게 한다. 다음은 로지스틱 회귀분석을 개별 탐구한 학생이 간단하게 과제를 게시한 내용과 이에 대한 동료들의 회신을 보여준다. 발표 학생의 적극적이고 성실한 태도를 알 수 있는 로그이다.

그림 6-22 게시물 과제 로그

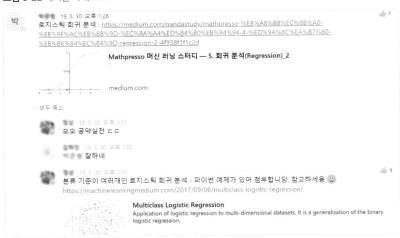

사례 2: 모둠 활동 결과 링크 공유

모둠별 활동 주제를 제시하고 o365의 스웨이(Sway) 앱을 통해 발표 자료를 작성하도록 한다. 다음은 "회귀분석은 OOO이다"라는 주제로 모둠별로

토론하여 스웨이 앱으로 발표 자료를 만드는 과제 수행이다. 첫 번째 그림
은 과제 수행을 위해 모둠장이 스웨이 협업 문서를 생성하여 스웨이 공유
주소를 게시한 글이다. 교사는 공유된 주소에 접속하여 모둠 협업 과정을
지켜본다. 두 번째 그림은 완성된 스웨이 발표 자료이다. 과정과 산출물이
모두 로그로 남기 때문에 모둠 활동을 평가하는 자료로 활용할 수 있다.

그림 6-23 스웨이 모둠 활동(발표 자료 제작) 로그

사례 3: 축적된 과제 성적 자료

[과제] 메뉴를 통해 교사는 과정 평가를 위해 수행 과제를 할당하고 학생이 제출한 산출물을 평가와 기록에 활용한다. 과제는 감상문, 소감문, 문제 풀이, 보고서, 발표 자료 등 다양한 형태가 될 수 있다. 수업 중에 과제 할당 및 제출 마감이 이루어지므로 교사는 학생이 직접 작성한 자료를 바탕으로 수행평가 점수를 기록할 수 있다.

다음은 제출된 과제를 채점 완료하면 [성적] 탭에서 보이는 과제별 점수 현황이다. 이 점수를 엑셀로 가져와서 수행평가 해당 영역 점수로 반영하면 된다.

그림 6-24 과제 성적 산출 로그

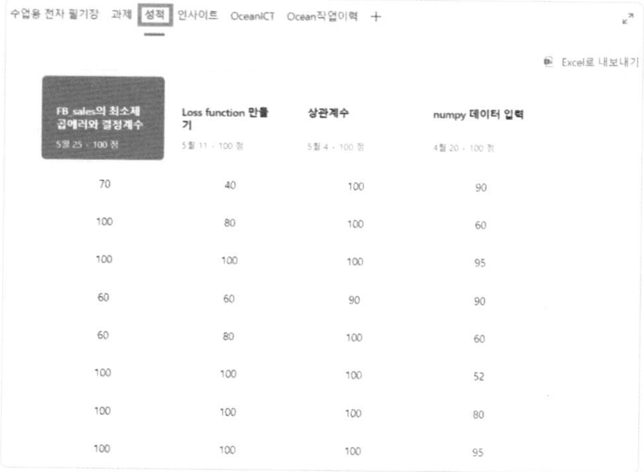

FB_sales의 최소제곱에러와 결정계수 5월 25 · 100 점	Loss function 만들기 5월 11 · 100 점	상관계수 5월 4 · 100 점	numpy 데이터 입력 4월 20 · 100 점
70	40	100	90
100	80	100	60
100	100	100	95
60	60	90	90
60	80	100	60
100	100	100	52
100	100	100	80
100	100	100	95

수행 과제의 산출물을 [과제] 탭을 활용하여 제출하도록 할 수도 있지만 계획서나 보고서 등은 원드라이브(Onedrive) 주소를 공유하여 업로드하게 안내할 수도 있다.

사례 4: 원드라이브에 저장된 파일

다음은 원드라이브 업로드 주소 공유 게시글과 실제 파일이 업로드된 현황
이다.

그림 6-25 원드라이브에 자료 제출 로그

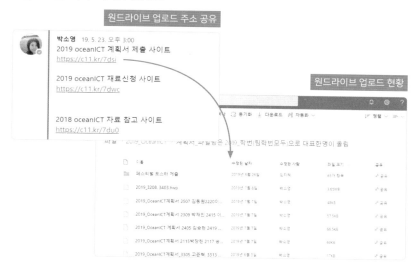

사례 5: 자기평가 및 동료평가 결과

프로젝트 과제의 경우 계획서와 보고서에 각자의 역할 계획과 수행 완료
현황을 반드시 포함하여 작성하고 발표하도록 한다. 교사가 모둠 발표 전
에 자기 평가 및 동료 평가 설문 양식을 작성하여 공유하고, 학생들이 제출
한 해당 설문지의 응답을 바탕으로 평가 시, 다양하게 활용할 수 있다. 다음
은 모둠 활동에 대한 동료 평가 서식 및 응답 결과 자료이다. 특히, 가장 우
수하다고 판단한 동료팀에 대한 서술식 응답은 정성적 평가를 기재할 때
도움 된다.

그림 6-26 자기 평가 및 동료 평가 설문 응답 로그

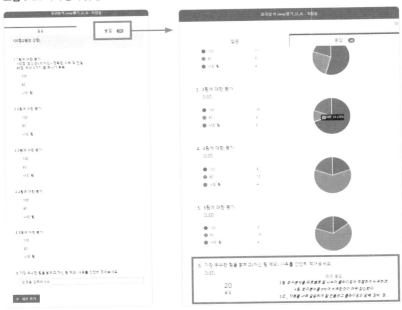

3. 설문조사

학교는 부서별, 교과별, 학년별 교사와 학생의 의견을 수렴하는 과정을 거치는 경우가 빈번하며 학교 교육 계획 및 실행 전반에 걸쳐 학부모의 의견도 수렴한다. 이렇게 방향이 설정되면 세부 계획을 교직원과 학생에게 공지하고 가정통신문으로 학부모에게 안내한다.

의견 수렴을 위해 학교 내 소셜 네트워크 서비스의 설문 기능을 활용하거나 범용의 소셜 네트워크 서비스(카카오톡, 밴드, 카페 등)를 통해서도 설문조사할 수 있다. 학교 설문조사에서는 다음과 같은 사항을 고려해야 하는데, 이 점을 고려하면 팀즈를 이용한 설문조사가 보다 용이한 것을 알 수 있다.

- 설문지 작성이 용이하고 언제든지 수정해서 재사용할 수 있는가?
- 설문에 응하기 위한 접근이 용이한가?
- 설문 결과의 집계가 용이한가?
- 설문지 양식 및 결과를 포트폴리오로 효율적으로 관리할 수 있는가?

팀즈에는 전 교직원·부서별·학년별·학급별·교과별·동아리별·연구회별 팀들이 미리 구성되어 있으므로 설문 대상을 매번 설정할 필요 없이 바로 설문조사를 시작할 수 있다. 또한 o365의 기본 앱인 폼즈 앱으로 서식을 구성하고 팀의 [게시물]에 배포할 수도 있고 공유 링크 주소를 문자 또는 SNS 서비스를 통해 배포할 수 있으므로 접근성도 용이하다. 폼즈에서는 설문 응답을 바로 그래프로 출력하거나 Excel 파일로 내보내기를 통해 엑셀의 기능을 활용한 집계 및 분석이 가능하고 필요하다면 PowerBi 앱으로도 분석할 수 있는 확장성이 있다.

양식의 경우도 '편집 주소 공유' 기능으로 여러 명이 함께 작성할 수 있어 편리하고 한번 만든 서식은 '복사' 기능을 통해 쉽게 수정할 수 있으며 보완하여 재사용이 가능하다.

설문 양식과 응답 결과는 폼즈 앱에 자동 축적되며 학교에서 생산한 모든 양식을 팀 내 별도 채널이나 [파일], [전자 필기장 - 콘텐츠 라이브러리] 등으로 모아서 관리하는 것도 가능하다.

폼즈에서 새 양식을 만드는 방법은 Chapter 1의 4. 온라인 수업 에티켓, Chapter 3의 4. 비실시간 협업 학습, Chapter 4의 4. 수업을 재디자인하기 위한 평가와 피드백 절을 참고하길 바란다.

이어서, 학교 내 설문조사의 요구 기능(재사용성, 접근성, 협업 작성)을 중심으로 살펴보자.

설문 작성

설문 양식의 재사용성

폼즈에서 한번 작성한 설문지는 이후에 재사용하기 쉽다. o365 포털에 접속하여 폼즈 앱을 클릭한다. 다음 그림처럼 사용하고자 하는 양식의 확장 메뉴([…])를 클릭하면 복사할 수 있다. 복사한 양식을 수정 또는 제목만 변경하여 그대로 사용할 수 있다.

그림 6-27 양식 복사

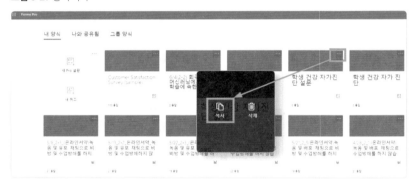

설문 응답의 접근성

폼즈를 활용하면 학교의 구성원이나 관련된 사람들이 설문지에 접근하는 것이 매우 쉽다. 폼즈로 설문지를 작성한 후 '응답 보내기 및 수집'의 링크 주소를 복사하여 스마트 기기 기반의 SNS(문자, 카카오톡, 밴드, 카페 등)로 보내어 응답을 수집할 수도 있고 팀즈에서 설문 공유를 원하는 팀 게시물에 주소를 붙여넣어 응답을 수집할 수도 있다. 팀즈 기반으로 학교 구성원들에게 설문 응답을 받을 때는 다음 그림처럼 '조직 내부의 사용자만 응답할 수 있음'을 선택하고 팀즈의 동일 테넌트 계정이 없는 불특정 다수에게 설문하고자 할 경우엔 '링크가 있는 모든 사용자가 응답할 수 있음'을 선택한다. 그다음, 링크 주소를 복사하여 배포하고자 하는 플랫폼(카카오톡 등)에 붙여넣으면 된다.

그림 6-28 설문지 응답 주소 공유

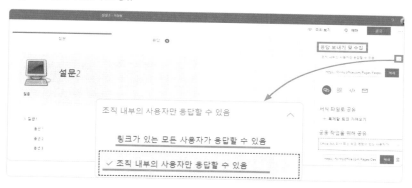

다음은 스마트 기기 기반에서 여러 가지 방법(문자, 카카오톡, 밴드, 카페 등)으로 보낼 경우 기기에서 보이는 화면이다.

그림 6-29 스마트 기기에서 보이는 화면

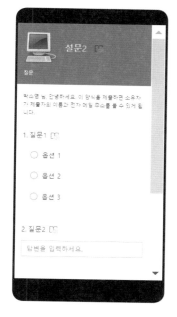

앞서 말한 링크 주소뿐만 아니라 QR 코드로도 접근할 수 있다.

그림 6-30 QR 코드로 응답 주소 공유

협업하여 설문지 작성하기

설문지 작성을 혼자 하지 않아도 된
다. 협업으로 작성할 수 있다. 양식
의 서식 파일을 타인과 공유하여,
복제본을 사용하도록 할 수도 있고
원본 파일에 여러 명이 들어와 협업
하여 작성할 수도 있다. 다음 그림
에서 서식 파일 복제본을 공유할 링
크 주소와 공동 작업을 위한 공유
링크 주소를 확인해보자. 서식 공
유나 공동 작업을 위해서는 폼즈 앱
을 사용해야 하므로 계정이 필요하
다. 때때로 응답자들이 응답할 때에
는 계정이 필요치 않은 경우도 있지
만, 설문지를 작성하기 위해선 계정
이 꼭 필요함을 기억하자.

그림 6-31 서식 공유 및 공동 작업 주소 공유

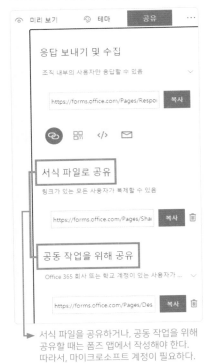

서식 파일을 공유하거나, 공동 작업을 위해
공유할 때는 폼즈 앱에서 작성해야 한다.
따라서, 마이크로소프트 계정이 필요하다.

3.2 설문 집계

설문지를 작성할 때 응답하는 방법은 [선택 항목], [텍스트], [평가], [날짜], [Likert], [파일 업로드] 등이 있다.

그림 6-32 설문지 응답 구성 방법

[Likert]는 리커르트 척도를 만드는 메뉴다. 응답자들이 제시된 문장에 얼마나 찬성 또는 반대하는지를 알아볼 때 쓰인다. 보통의 경우 3점(매우 그렇다, 보통이다, 매우 그렇지 않다) 혹은 2단계를 더해 5점(매우 그렇다, 그렇다, 보통이다, 그렇지 않다, 매우 그렇지 않다)으로 물어본다. 다음은 급식 만족도 설문지에서 맛과 양에 대해 [Likert] 문항을 구성한 예이다.

그림 6-33 Likert 응답지 구성 예

[선택 항목] 응답 집계는 여러 번 살펴보았으므로 그 외의 [텍스트], [평가], [날짜], [Likert]로 간단하게 '교내 급식에 대한 만족도 조사' 양식을 만들어 응답 집계 형태를 살펴보자. **그림 6-22**의 첫 번째 그림은 폼즈의 새 양식으

로 작성한 급식 만족도 조사이다. 두 번째 그림은 게시물에 이 설문으로 이
동하는 링크와 QR 코드 이미지를 탑재한 것이다.

그림 6-34 급식 만족도 설문지 구성 및 주소 공유

그림 6-35의 첫 번째 그림은 PC에서 응답하는 화면이고 두 번째 그림은 스
마트폰에서 응답하는 화면이다.

그림 6-35 급식 만족도 조사 응답(PC, 스마트폰)

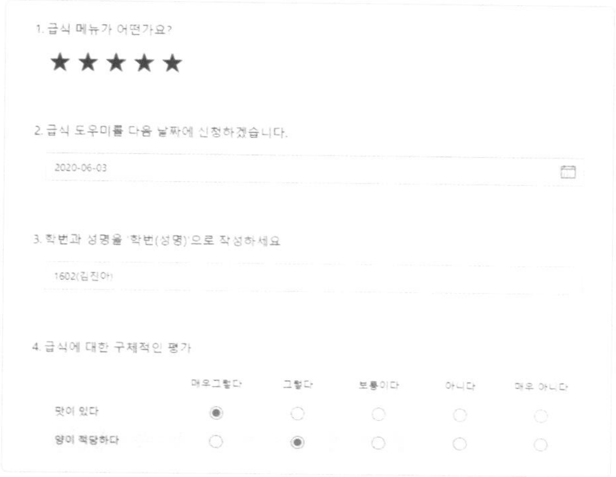

설문 집계 결과는 o365 포털의 폼즈 앱에 접근하여 확인할 수 있다. 일반 권한 사용자는 [응답] 탭을 클릭하여 분석 결과를 확인할 수 있으며 결과 분석 화면은 다음과 같다.

그림 6-36 일반 권한 사용자의 결과 분석 화면

만약 관리 권한을 가진 사용자라면 폼즈 앱에서 해당 설문을 클릭하면 '초대', '응답', '관심도'와 같은 개요가 나타난다. 여기서 화면 상단의 [질문-현명한 분석]을 클릭하면 매우 상세하게 집계 그래프가 나타남을 알 수 있다.

그림 6-37 관리 권한이 있는 사용자의 결과 분석 화면

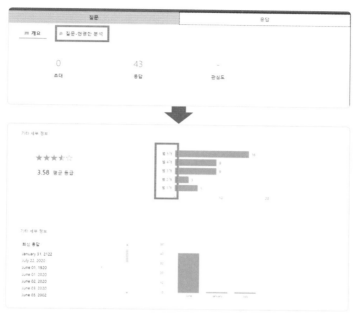

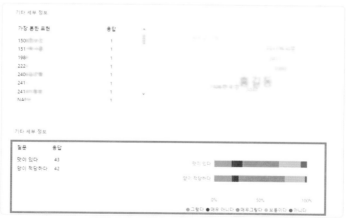

설문에서 문제 유형이 [평가]였을 때 집계에서는 별 개수에 따라 막대그래프가, [텍스트]일 경우는 워드 클라우드 형태가, [Likert]인 경우엔 5단계의 척도 그래프가 나타난다.

4. 담임 업무

앞서 설명한 것처럼 초등학교는 학급팀에서 수업과 학급 운영이 동시에 이뤄지는 쪽이 편리하다. 초등학교의 경우 '학급팀=교과팀'으로 구성한다. 물론 교과에 따라 채널을 추가하여 운영할 수도 있다. 하지만 중·고등학교의 경우는 수업팀과 학급 담임으로서의 팀을 따로 구성하는 것이 좋다. 학급 학생들과 많은 소통이 필요한 담임 업무를 위해 [수업용 전자 필기장]을 활용해보자.

수업팀 유형의 경우 [수업용 전자 필기장]을 초기에 구성할 때 다음 왼쪽 그림처럼 '유인물', '수업 노트', '과제', '퀴즈'로 구성되어 있다. 학급팀인 경우에는 이런 구성 대신, 다음 오른쪽 그림처럼 '알림장', '자기주도학습', '학급특색활동', '진로독서'로 변경하여 운영하면 유용하다.

그림 6-38 학급팀의 전자 필기장 구성 예

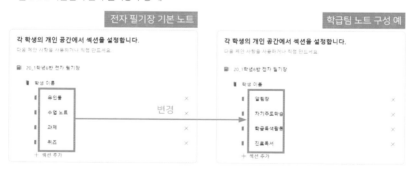

학교생활기록부 기재와 연계

자기주도학습과 학급특색활동 노트는 담임 교사가 작성하는 '창의적 체험 활동'의 '자율활동 특기사항' 기재 시 참고할 수 있으며 진로독서의 경우는 '독서 활동 상황'이나 진로관련 학생의 노력으로 '진로 활동 특기사항' 기재 시 참고할 수 있다.

4.1 자기주도학습 확인

담임 교사는 학생들의 자기주도학습 상황을 매일 체크하여 진로 진학 상담이나 학습 관련 상담에 활용할 수 있다. 다음 그림은 [수업용 전자 필기장]에 '자기주도학습' 노트를 생성하여 학생이 매일 자신의 계획을 설계하고 수행 완료 여부를 체크하도록 구성한 것이다.

그림 6-39 전자 필기장의 노트로 학생별 자기주도학습 확인

수행하지 못한 경우에는, 학생 스스로 자기반성도 함께 작성하게 안내하면 학생들에게도 올바른 자기 학습 체크 습관을 길러줄 수 있을 것이다.

학습뿐 아니라 독서 이력 관리도 할 수 있다. 초등학교의 경우 독서 노트, 중고등학교의 경우에는 독서 종합 지원 시스템이나 독서 기록장, 포트폴리오 등을 활용하여 독후감을 기록한다. 대부분, 학급 또는 교과 담임이 선정하거나 확인하게 된다. 인성이나 교과 관련 독서 못지 않게 중요한 것이 자신의 진로와 관련된 독서 이력이다. 스스로 진로 관련 독서 목록을 검색하고

리스트를 구성하는 것은 본인이 진로를 탐색하는 과정으로서 의미가 크다. 이 과정을 포트폴리오로 구성하면 학생 본인과 도움을 제공한 교사에게 좋은 자료가 된다.

다음은 [수업용 전자 필기장]에 '진로독서' 노트를 생성하여 학생이 자신의 진로와 관련된 도서를 찾아 읽고 감상문을 기록한 것이다.

그림 6-40 전자 필기장의 노트로 진로 독서 확인

4.2 그 외 학급 관리

앞에서 살펴본 개별 학생의 학업 및 진로 탐색을 돕는 업무뿐 아니라, 담임으로서 학급을 운영하는 데 해야 할 업무는 상당히 많다. 이때 팀즈의 몇 가지 기능을 활용하여 효율적으로 학급을 관리할 수 있는데, 몇 가지 사례를 통해 살펴보자.

사례 1: 학생의 학급 내 할 일 정하기

학교나 학급의 주요 행사를 학생들이 함께 준비하거나 학급에서의 업무를 학생들 간에 나누어야 하는 일이 있다. 팀즈에 협업 프로젝트 관리 도구인 'Planner'를 추가하여 해야 할 일과 일정을 시각화해보자. 앞에서 살펴본 바와 같이 학급팀의 메뉴 탭에서 [+]를 클릭하여 'Planner' 앱을 추가한다. 어떤 프로젝트나 학급의 일(Planner의 각 Plan)을 해내기 위해 필요한 일의 범주(Bucket)를 정하고, 각각의 범주에 필요한 세분화된 일(Task)을 나누어 학생들에게 배분한다.

다음은 플래너에서 [학예전]이라는 플랜을 만든 후, 해야 할 작업을 세분화하여 특정 학생에게 작업 관리 역할을 배분한 뒤(첫 번째 그림), 학생이 완료에 체크한(두 번째 그림) 상태를 나타낸 것이다.

그림 6-41 플래너로 학예전 준비 체크

사례 2: 진로희망조사

담임교사의 중요한 일 중 하나는 학생들의 진로 선택을 돕는 것이다. 학생들은 학교에 있는 동안 희망 진로를 위해 여러 관련된 활동을 하거나, 진로를 여러 번 바꾸기도 한다. 학생들의 진로 희망 분야를 마인드맵으로 공유하고 진로와 관련한 활동 이력을 추가해 나가며 관리하자. 팀즈의 메뉴 탭에서 [+]를 클릭하여 'MindMeister(마인드마이스터)'라는 앱을 추가하여 효율적인 진로 관련 맵을 구성할 수 있다. 이때 교사는 학생 활동이나 진로 희망에 [메모] 등을 활용하여 조언한다.

다음 그림은 '진로탐색'이라는 맵을 구성한 것으로 교사가 먼저 자신의 희망을 밝히며 시작한 뒤(첫 번째 그림), 학생들도 자신의 희망 분야를 맵으로 연결하고 하위 맵에는 관련 세부 내용이나 활동을 추가한 것이다. 교사는 이에 대해 정보를 제공하거나 조언하는 메모를 추가할 수 있다(두 번째 그림).

그림 6-42 마인드맵으로 학생들의 진로 적성 분야 이력 관리

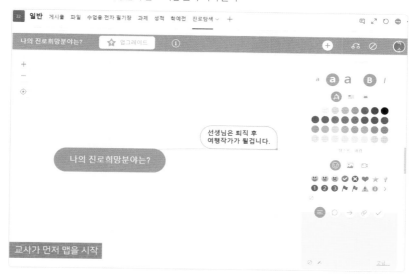

덧붙여, 학생 각자가 자신의 진로 마인드맵을 만들어 꾸준히 관리하도록 독려해보자. 학생은 자신의 학교생활을 점검하기가 수월하고, 교사는 학생의 진로 탐색 과정을 한눈에 볼 수 있어 유용한 조언을 해줄 수 있다.

사례3: 학급 영상 앨범 구성하기

팀즈의 메뉴 탭에서 [+]를 클릭하여 'Stream(스트림)'이라는 o365 기본 앱을 추가하여 학급 앨범을 구성해보자. 학생들이 각자 스마트 기기를 활용하여 동영상 앨범을 만들고 이를 미리 만들어 둔 팀즈의 '자기소개 영상 앨범', '반장선거 유세 앨범', '독서 발표 앨범' 등에 업로드하여 관리한다.

학급 팀에 스트림 탭을 추가하기 전에 먼저 해야 할 일이 있다. 스트림 앱에서 영상 채널을 만들고 그 URL을 가져와야 한다. 우선, o365 포털에 접속하여 스트림 기본 앱을 클릭한 후 [+만들기]의 [채널 만들기]를 선택한 후 채널 이름을 작성한다. 만든 채널의 URL은 [⋯] 모양의 확장 메뉴를 클릭하여 [공유]를 클릭하면 나타난다. 이 주소를 복사한다. 이제 팀즈에서 탭 추가하여 스트림 앱을 찾고, 복사해둔 URL을 붙여넣는다.

그림 6-43 스트림으로 자기소개 영상 앨범 구축

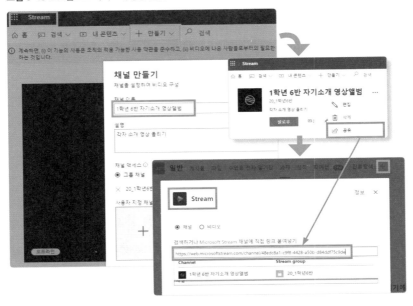

이제 학생들은 팀즈 탭에 추가된 스트림에서 영상을 공유할 수 있다. 학생
들은 영상을 간단히 녹화한 후 팀즈의 학급팀 메뉴에 추가된 앨범 탭(다음
그림의 [1학년 6반 자기소개 앨범])을 클릭한 후, 오른쪽의 [Microsoft Stream]
을 클릭한다.

그림 6-44 각자의 소개 영상을 업로드할 메뉴에 접근

그 후, [업로드]를 클릭하면 동영상의 세부 정보를 입력하는 팝업 창이 뜨며
[이름], [설명]을 입력한 후 [게시]를 클릭한다. 업로드된 동영상은 앨범에
나타나며 학생들이 업로드한 영상은 같은 학급 내에서 공유할 수 있다.

그림 6-45 스트림에 각자 영상 업로드

5. 교무 업무

수업과 담임 업무 외에도 교사가 해야 하는 행정적 업무가 꽤 많다. 익숙지 않은 행정 업무를, 그것도 매년 바뀌는 업무를 해내기란 여간 쉽지 않다. 행정 업무 수행을 더욱 어렵게 만드는 요소를 돌아보자. 우선 전임자와 후임자 간의 의사소통이다. 새 학년이 시작하기 전에 부서별 업무 분장이 이루어진다. 전임자는 후임자에게 업무 인수인계를 해야 하는데 표준화된 방법이 없다. 그래서 충분한 참고 자료나 양식을 차곡차곡 모아 후임자에게 전달하는 전임자가 있는 반면, 자료를 전혀 전달하지 않아서 후임자가 작년도 내부 결재 공문들을 일일이 검색해가며 일을 처리하는 경우도 많다.

두 번째는 매일 일어나는 업무상의 의사소통이다. 보통 학교 내에서 업무 전달 효율을 위해 업무용 메신저 프로그램(쿨메신저, 액티브 포스트 등)을 사용한다. 이 프로그램을 활용하여 담당자가 필요에 따라 파일을 첨부하여 양식 작성을 요구하기도 하고 중요 연수 자료를 보내기도 하는데 제때 파일 관리를 하지 않으면 며칠만 지나도 파일을 찾거나 내려받기 어려워진다. 이 두 가지 예를 포함한 학교 행정 업무 수행의 효율성을 높이는 팀즈 활용법을 알아보려고 한다.

Chapter 2의 2.1 업무 중심팀 운영 절에서 전 교사가 소속된 학교팀, 학년별로 구분된 학년팀, 업무 분장의 부서별로 구성된 부서팀, 그리고 별도의 학교 조직(각종 위원회, 부장교사 모임 등)팀 등의 활용을 살펴보았다. 이번에는 팀즈에서 부서별로 자료 관리하는 방법과 업무 인수인계와 관련된 사항을 살펴보자. 이와 함께 팀즈의 다양한 기능과 사용법을 공유하면서 집단 지성으로 문제를 해결하는 커뮤니티 운영 사례를 살펴보자.

5.1 업무 인수인계

전 교직원팀: 업무 부서별 자료 축적

전 교사가 구성원으로 참여하는 '전 교직원팀'을 구성한 후 [파일] 메뉴에서 부서 또는 주요 업무 중심의 폴더를 생성한다. 이 폴더에 해당 부서 및 업무 담당자가 생산하는 모든 양식 및 참고 자료를 업로드하면 필요할 때 자료를 찾고 참고할 수 있다.

당장 작성해야 하는 주요 협업 문서 파일은 화면 상단에 큰 아이콘으로 최대 3개까지 배치할 수 있다. 그 아래에 각 부서별 폴더와 주요 업무 폴더가 있다. 다음 그림의 오른쪽은 [교무기획부] 폴더를 클릭했을 때의 화면이다.

그림 6-46 부서별 자료 포트폴리오

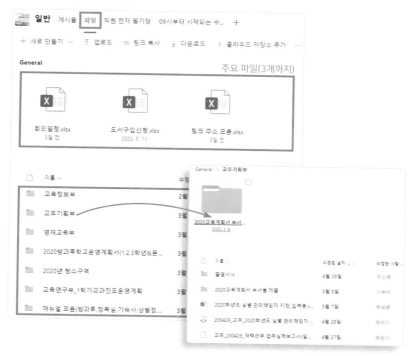

부서팀: 부서 회의 자료 축적

다음 그림은 전문 학습 커뮤니티 팀 유형으로 '교육정보부'라는 부서팀을
구성한 사례이다. [PLC 전자 필기장]의 원노트를 활용하여 부서 회의 내용
이나 건의사항 등을 기록해두면 업무 진행 시 참고하기 쉽다. 또한, 게시글,
화상 모임 등을 통해 수시로 긴밀한 협의 체제를 유지할 수 있다.

그림 6-47 부서 회의 자료 포트폴리오

팀즈 화면 왼쪽 [일정] 아이콘을 선택하여 부서 모임 일정을 미리 세팅하면
부원들은 [일정]에서 [참가]를 클릭하여 바로 화상 회의에 참여할 수 있다.
부서 행사 등 주요 일정을 앞두고 긴밀한 협의가 필요할 때 활용한다.

그림 6-48 부서 화상 모임 일정 관리 및 로그

<u>5.2</u> **집단 지성으로 문제 해결**

학교에 새로운 플랫폼을 적용할 때 어려운 점은 플랫폼 기초 환경을 설정하고 이 플랫폼을 교직원과 학생에게 연수하는 것이다. 그뿐 아니라, 플랫폼을 적용한 이후에 발생하는 다양한 문제에 어떻게 대응할 것인가 하는 지원 차원의 문제가 있다. 온라인 수업 플랫폼 운영을 지원하는 부서의 담당자도 교사이므로 수업과 업무 처리로 바쁜 상황인데 새로운 플랫폼의 메뉴 기능, 오류 상황, 수업 활용 방법 등, 다양한 질의가 계속되어 힘든 상황이 발생한다. 학교에서 학습관리시스템 업무를 맡았다 하더라도 본인이 개발한 플랫폼이 아니므로 모든 기능을 알고 있지는 않다. 어쩌면 또 다른 교사가 수업에 활용하는 과정에서 유용한 기능을 먼저 발견할 수도 있고 문제 상황을 해결할 수도 있다. 따라서 협업 중심 플랫폼인 팀즈에서 '채널'을 구성하여 집단 지성으로 다양한 문제를 해결하고 유용한 팁을 공유하면 교사학습공동체의 장점을 최대한 발휘할 수 있다. 2020년과 같은 급작스러운 변화의 시기에 학교 내의 교사학습공동체의 역할은 아주 중요하다. 새로운 기술을 적용하는 데 생기는 어려움을 해결하고 도울 수 있는 적임자는 가장 가까이에 있으면서 비슷한 어려움을 공유하는 사람들이기 때문이다.

다음은 전 교직원이 소속된 팀 아래 '팀즈토론'이라는 채널을 추가하여 팀즈를 수업에 활용할 때 발생하는 다양한 문제를 공유하여 함께 해결하는 커뮤니티 방을 구성한 것이다.

그림 6-49 집단 지성 토론 채널

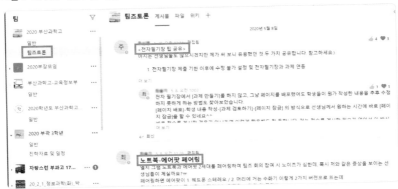

게시물을 보면 새롭게 익힌 유용한 기능을 자연스럽게 공유하고, 화상 수업에서 발생하는 노트북-에어팟 페어링 문제도 집단 지성으로 해결하고 있다. 집단 지성을 위한 채널은 전 교직원이 스스럼없이 자유롭게 질의응답하고 공유하는 장이 된다.

다음은 채널을 통해 'Teams 활용 원격수업 간단 해결법'이라는 문서를 작성하여 공유한 예이다.

그림 6-50 집단 지성 문제 해결 포트폴리오

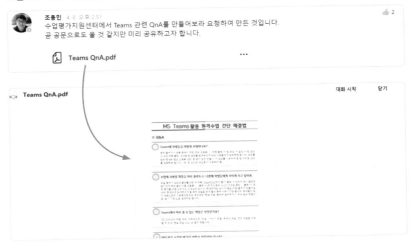

이번 챕터에서는 수업 경험을 디자인하는 것 외에 교과 담임으로서, 학급 담임으로서 알아두면 좋은 것과 효율적인 행정 업무 수행을 위한 팀즈 활용법을 살펴보았다. 실시간 또는 비실시간 수업에서의 출석 확인, 폼즈와 팀즈 앱을 연동한 학교 내 다양한 설문조사, 학급 담임으로서 학생들의 자기 주도적 학습 관리 및 진로 탐구 관련 활동 관리, 수업-평가-기록의 일체화의 관점에서 바라본 다양한 디지털 로그, 학교 업무의 효율적 관리 등은 그동안 수업, 담임, 행정 등을 동시에 해내야 했던 교사들에게 몇 가지 슬기로운 학교 생활 방법을 제시할 수 있을 것으로 기대된다. 그러나, 앞으로의 교육에서 온라인 수업이 일상화된다면 학습관리시스템을 포함한 디지털 도구 사용에 어려움을 겪는 교사와 학생을 돕는 '디지털 리터러시 코치'가 학교마다 배치되어야 할 것으로 보인다. 교사가 가장 우선시해야 하는 것은 자신의 교육 철학과 수업 디자인이며, 학생에게 가장 중요한 것은 학습 경험과 성장이다. 기술적 어려움이 가장 중요한 것을 가리도록 내버려두어서는 안된다. '디지털 리터러시 코치'가 교사 간, 학생 간 디지털 격차를 좁히는 것을 적극적으로 돕는다면, 교사는 다양한 수업 경험을 디자인하고 학생들은 성장하게 될 것이다.

이 책을 마치며

온라인 수업이나 블렌디드 러닝 등이 확산되면서, 이 시대의 학생들은 네모난 교실 너머 공간 속 학습 경험에 노출되어 있다. 각 교과에서 목표로 하는 전통적 개념의 문해력(Traditional Literacy) 교육과 함께 디지털 플랫폼에 있는 다양한 매체를 읽고 쓰는 디지털 문해력(Digital Literacy) 교육을 함께 받아야 할 때다. 학습관리시스템인 팀즈를 포함한 다양한 디지털 도구를 활용하여 여러 방향의 소통과 협업을 경험하면, 교과에서 목표로 하는 인지적 능력, 전통적 문해력, 디지털 문해력뿐 아니라 협업, 창의적 사고력, 생산력, 리더십 등 21세기 역량을 함께 기를 수 있다. 이러한 역량은 내일 당장 무엇이 어떻게 변할지 알 수 없는 이 시대를 살아가는 세대에게 아주 중요한 일이다.

전염병이라는 외부의 충격으로 교육의 형태는 급격하게 변했다. 이 새로운 교육방식으로의 변화는 너무나 짧은 준비 과정을 거칠 수밖에 없어, 많은 사람의 수고에도 불구하고 오랫동안 변하지 않은 '교실에서의 수업'을 전제로 한 교육 과정에 끼워 맞춰 진행되었다. 이는 디지털 도구의 장점을 최대한으로는 살리지 못했다는 아쉬움을 남긴다. 교과서 재구성과 다양한 형태의 평가 방법 활용, 학생들의 개성과 장점을 살린 학습 경험 디자인 등이 가능해지려면, 국가 수준 교육 과정에 '온라인 수업'이나 '블렌디드 러닝'이 '교실 수업'과 동등한 자격으로 포함되어야 할 것이다. 그리고, 거의 모든 시험과 평가에서 이른바 줄을 세우는 방식을 기본으로 하는 규준지향 평가(Norm-referenced Assessment) 와 같은 방법만을 고수하는 교육 철학이 변화해야 한다.

이미 시작된 새로운 교육을 교육 주체가 주도하기 위해서는 새로운 패러다임과 새로운 기술을 자신의 교육 철학에 더해야 한다. 이러한 바람을 우선 팀즈로 구현해 보자.

찾아보기